我国能源需求预测研究

基于多源信息融合的视角

冯雪◎著

中国经济出版社
CHINA ECONOMIC PUBLISHING HOUSE
·北京·

图书在版编目（CIP）数据

我国能源需求预测研究：基于多源信息融合的视角/冯雪著.--北京：中国经济出版社，2023.11
ISBN 978-7-5136-7562-8

Ⅰ.①我… Ⅱ.①冯… Ⅲ.①能源需求-市场预测-研究-中国 Ⅳ.①F426.2

中国国家版本馆 CIP 数据核字（2023）第 222223 号

责任编辑 郭国玺
责任印制 马小宾
封面设计 任燕飞工作室

出版发行 中国经济出版社
印 刷 者 北京艾普海德印刷有限公司
经 销 者 各地新华书店
开　　本 710mm×1000mm 1/16
印　　张 10.75
字　　数 160 千字
版　　次 2023 年 11 月第 1 版
印　　次 2023 年 11 月第 1 次
定　　价 98.00 元
广告经营许可证 京西工商广字第 8179 号

中国经济出版社 **网址** www.economyph.com **社址** 北京市东城区安定门外大街 58 号 **邮编** 100011
本版图书如存在印装质量问题，请与本社销售中心联系调换（联系电话：010-57512564）

本书由
西安财经大学学术著作出版基金
资助

序　言

能源资源是我国经济社会可持续发展和国家安全的重要保障。科学合理的能源需求预测不仅能有效规避能源供给侧的风险，还能实现能源资源的最优市场配置。然而，现有的能源需求预测模型纳入的信息源较少，这就导致在大数据、移动互联和不确定性环境背景下能源需求预测值较大且偏离实际值。因此，本书综合运用多源信息融合理论、组合预测理论、包容性检验原理、专家预测系统理论等知识，基于多源信息融合的思想，对我国能源需求预测模型进行研究。

本书采用多源信息融合方法预测我国能源需求，不仅为我国能源需求预测理论提供新的思路，进一步丰富了能源系统分析学科体系，加强了我国能源需求预测理论的应用研究，而且有助于科学规划产能以及制定能源发展规划，也有助于引导投资方向和制定投资规模。由此可见，采用多源信息融合方法科学、合理地预测能源需求，不仅对加强我国能源需求预测理论和丰富能源系统的学科体系具有重要的理论意义，而且对我国社会经济可持续发展和能源系统发展建设具有重要的借鉴参考价值。

前　言

能源需求预测直接影响国家未来社会经济发展和能源供给的重要决策，而这些决策又会逆向对未来的能源发展产生重大影响，因此，科学、合理地预测能源需求尤为重要。能源需求预测模型经过几十年的发展，理论日趋成熟，方法也取得了很大的进展。在能源需求预测中，影响能源需求变动的各类信息变量较多，而信息量的多少是决定预测效果好坏的重要因素。因此，现有模型以组合模型为主，考虑在确定性因素的影响下，对预测模型及其组合方式进行不断改进，从线性组合模型发展到非线性组合模型，已取得了较好的预测效果。然而研究发现，在组合模型中，并不是参与组合预测的单一模型越多，组合预测的精度就越高，而由于冗余信息的存在，有些单一模型的加入并不能改善预测的效果。另外，从不确定性影响因素对能源需求的影响来说，不规则事件是引起能源需求短期波动的重要信息变量，但由于其不可量化和不确定性的特征，无法被传统数学模型所捕捉，这使得现有能源需求预测模型的预测精度仍有进一步提高的空间。

因此，针对我国能源需求预测问题，本书从信息源的角度出发，将信息源分为同源信息和异源信息。其中，同源信息即模型预测信息，异源信息特指不规则事件。首先，针对同源信息，从剔除冗余性的角度，对能源需求组合预测中单一模型的遴选问题进行研究，将具有互补信息的模型构建成非线性组合预测模型。其次，针对不规则事件等异源信息预测的问题，采用专家预测系统的方法来估计异源信息对能源需求的影响。针对能源需求预测中不同融合信息的特征，提供不同的融合方法，并进一步改善预测效果。最后，搭建了基于多源信息融合的我国能源需求预测总体框架，用异源信息的预测结果对同源信息融合预测进行调整。

本研究在国际国内能源需求预测领域具有一定的前沿价值，在能源经济与管理方向实现了进一步探索。本书将多源信息融合理论首次引入能源需求预测问题中来，从信息源的角度出发，建立了基于同源信息融合的我国能源需求预测模型，并建立了基于异源信息的我国能源需求专家预测系统，从而构建了基于多源信息融合的我国能源需求预测总体框架，为我国能源需求预测提供了新的思路和方法，对我国中长期能源发展战略的制定具有重要的参考价值，为今后进一步深入研究能源经济问题提供了基础，兼具理论和实践的双重意义。

本书可供能源经济与管理方向的本科、硕士、博士研究生教学和科研使用，还可作为矿业工程等专业研究生和本科生的选读教材，同时也可作为从事经济、资源与环境理论研究和实际工作的高等院校教师、科研工作者的参考书，具有潜在的需求市场。最后，本书旨在抛砖引玉，引发学界共鸣。

西安财经大学冯雪

目　录

绪　论

第一节　研究背景及意义

一、研究背景

能源资源是我国经济社会可持续发展的重要物质保证。我国是一个发展中国家，能源的可持续发展对一个国家的农业现代化、工业化以及城市化等都起着决定性的作用。自 1978 年改革开放以来，我国的经济建设取得了巨大的成就，GDP 由 1978 年的 3645 亿元增长到 2014 年的 636463 亿元，年均增长率保持在 15.4%左右。经济高速增长的背后必然要有大量的能源消费作为支撑，我国能源消费总量从 1978 年的 5.7 亿吨标准煤增长到 2014 年的 42.6 亿吨标准煤，年均增长速度为 5.7%。也就是说，我国以年均 5.7%的能源消费拉动了年均 15.4%的经济增长。由此可见，能源资源在我国社会经济发展中具有不可替代的重要作用。①

能源需求预测直接影响着国家未来社会经济发展和能源供给的重要决策，而这些决策又会逆向对未来的能源发展产生重大影响，因此，科学、合理地预测能源需求就显得尤为重要。众所周知，能源需求预测涉及社会学、经济学、管理学、自然科学等多学科领域知识，它是一个需要多学科交叉融合才能解决的典型难题，所以，能源需求预测是一个复杂的系统工程。从能源需

① 黄震，谢晓敏. 碳中和愿景下的能源变革［J］. 中国科学院院刊，2021，36（9）：1010-1018.

求预测模型的角度来说，预测工作的展开通常是基于预测模型实现的。因此，模型是能源需求预测的重要内在信息变量。模型不同，占有的信息也不同。由于现有能源需求预测模型所反映的信息有限，缺乏整合各类预测信息的认知能力，会增加预测过程中单一信息源对能源需求预测影响的不确定性。另外，从能源需求影响因素的角度来说，由于能源系统是一个复杂的非线性系统，能源需求的非线性混合趋势是在多种因素的交织影响下形成的。现有能源需求预测模型考虑了较为全面的影响因素，如经济增长、人口发展、产业结构、能源消费结构等，因此在一定程度上提高了预测精度。① 然而，能源需求的短期波动性是由金融危机、战争、自然灾害、政变等突发性不规则事件所引起的，而这些不规则事件具有不可量化、不确定性的特征，往往无法被纳入传统数学模型，因此，不管如何改进能源需求预测模型，或调整影响因素，预测效果都很难有根本性的改善，能源需求预测理论也难以有较大的突破。鉴于此，有必要在现有能源需求预测模型研究的基础上，构建一个将各类有用信息融合起来的能源需求预测模型，以提高现有预测模型的精度。多源信息融合技术为构建这样的能源需求预测模型提供了新思路。早在第二次世界大战末期，国外就出现了一个综合利用雷达和光学两种信息的简单信息融合系统。之后，信息融合技术作为一门独立的学科，主要运用于军事领域。随着信息融合技术在军事领域应用中可行性和有效性的证实，它被逐渐运用到工业工程监视、遥感、交通管制系统、火灾报警等领域。多源信息融合的基本原理是充分利用多个信息源所提供的信息，通过对这些信息源及其提供信息的合理支配和使用，把多个信息源在空间或时间上的冗余或互补信息依据某种准则进行组合，以获得对被测对象的一致性解释或描述，使该信息系统由此获得比它的各组成部分所构成的系统更优越的性能。其中，信息源所提供的信息分为同类信息和异类信息。同类信息是指物理特性相同的量测信息。异类信息则相反，是指物理特性不同的量测信息，也就是信息源提供的

① 清华大学气候变化与可持续发展研究院. 中国长期低碳发展战略与转型路径研究：综合报告[M]. 北京：中国环境出版集团，2021.

性质不同的信息。① 从我国能源需求预测模型中可以发现，不管是不同的单一模型还是组合模型，它们涵盖的信息均是有限的，均可被视为不同的信息源。为了减少预测过程中单一信息源对能源需求预测影响的不确定性，可以运用多源信息融合的基本原理，采用信息融合的算法对其进行融合，从而通过融合多个信息源的方式增加现有能源需求预测模型的信息，进一步改善预测效果。由我国能源需求的影响因素可以发现，由于不规则事件的不可量化、不确定性特征，无法量化和可量化的影响因素同时被纳入传统的数学模型，因此，亦可以采用多源信息融合的基本原理，将其视为异类信息，在融合可量化影响因素的基础上，将不规则事件对我国能源需求预测的影响进行融合，从而进一步提高预测精度。

因此，针对我国能源需求预测问题，在充分、综合考虑影响能源需求变动各类信息变量的基础上，从信息源的角度出发，本书提出将“基于多源信息融合的我国能源需求预测”作为研究对象。

二、研究意义

在能源需求预测中，影响能源需求变动的各类信息变量较多，而信息量是决定预测效果好坏的重要因素。但是，现有能源需求预测模型所考虑的信息源有限。为了减少单一信息源对能源需求预测影响的不确定性，本书采用多源信息融合的方法，对解决我国能源需求预测问题具有重要的理论和实际意义。

采用多源信息融合方法预测我国能源需求具有重要的理论意义。针对我国能源需求预测问题，本书构建了基于多源信息融合的我国能源需求预测的总体框架，不仅为我国能源需求预测理论提供新的思路，而且进一步丰富了能源系统分析学科体系，促进了我国能源需求预测理论的应用研究。

采用多源信息融合方法预测我国能源需求具有重要的实际意义。一方面，

① 韩崇昭，朱洪艳，段战胜，等. 多源信息融合［M］. 北京：清华大学出版社，2006.

有助于科学规划产能，以及制定能源发展规划。能源供应系统内的供应、需求和分配设施不仅相互适配，而且相互独立。能源的生产规划总是以需求规划为引导，而能源供应系统的建立和运行又以能源的生产规划为基础。也就是说，相对能源需求而言，能源的供应在时间上总是存在一个滞后期。因此，科学、合理地预测能源需求是保障能源供应的重要前提。否则，产能大幅减少，会影响经济社会的正常运行。而产能不合理地扩张，则会促进能源需求快速攀升，从而导致能源供应紧张；同时也使环境承载负荷加重，加剧生态环境污染。因此，必须了解未来到底需要多少能源能保障国民经济的发展，这样才能合理地规划产能，并科学地制定能源发展规划。另一方面，有助于引导投资方向和制定投资规模。在我国经济持续、快速发展的趋势下，能源需求会在未来很长一段时间内以较高的速度增长，而能源供应系统的建立需要高强度的投资。预测是投资决策的先导，过高地预测能源需求量，会导致大量资金积压于能源供应系统，从而造成积压浪费，因此，科学、合理地预测未来的能源需求，才能正确引导能源领域的投资方向和投资规模的制定。由此可见，采用多源信息融合方法科学、合理地预测能源需求，不仅对加强我国能源需求预测理论和丰富能源系统的学科体系具有重要的理论意义，而且对我国社会经济可持续发展和能源系统发展建设具有重要的实际意义。

第二节　研究思路与内容

一、研究思路

针对我国能源需求预测问题，从信息源的角度，将信息源分为同源信息和异源信息。其中，将同源信息视同模型信息，异源信息特指不规则事件。在此基础上，本书构建了基于多源信息融合的我国能源需求预测总体框架，并在该框架下用异源信息的预测结果对同源信息融合预测进行调整。其中，同源信息融合主要针对模型信息融合的问题，采用支持向量机回归模型（SVM）作为融合预测模型。针对不规则事件等异源信息预测的问题，采用专家预测系统的方法对异源信息对能源需求的影响进行估计。研究思路如图 0-1 所示。

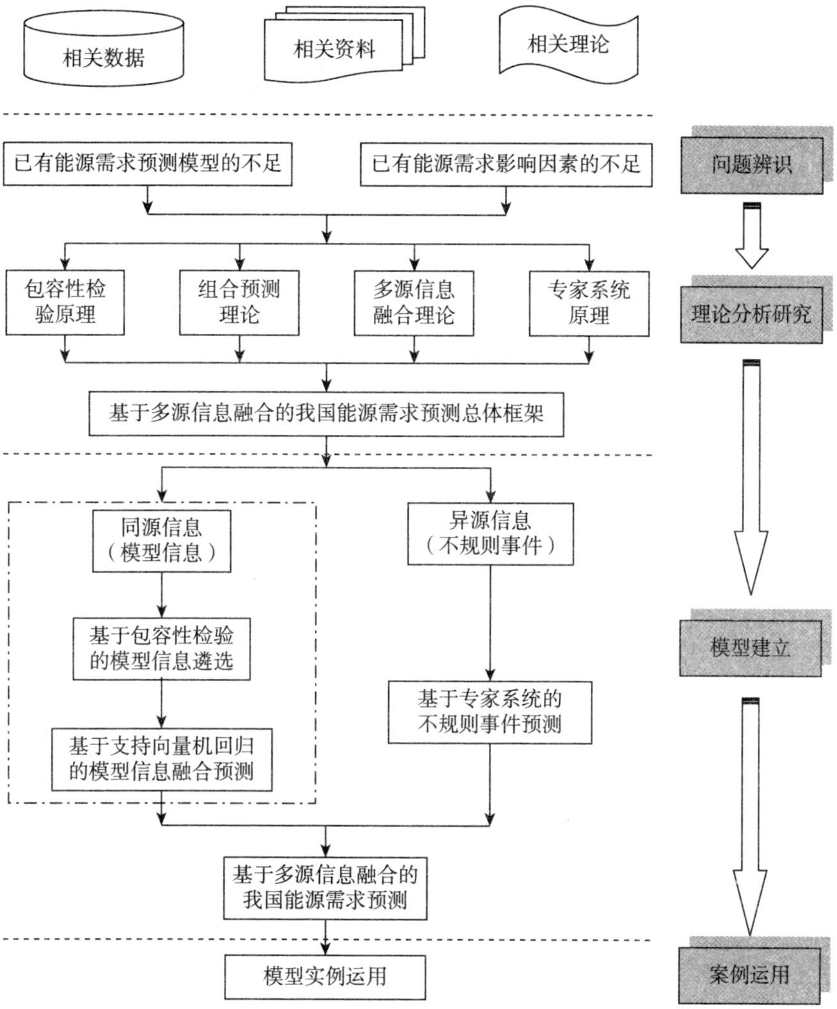

图 0-1 研究思路

二、研究内容

基于多源信息融合的我国能源需求预测包括以下主要研究内容：

首先是绪论，分析了能源需求预测的背景、意义，指出了能源需求预测中存在的问题，介绍了本书的研究思路和研究内容。

第一章是文献综述。从能源需求预测模型技术提升和预测误差不断改善的角度，以模型和不规则事件为线索，梳理并总结了国内外能源需求预测的相关理论与模型特征。在梳理两条线索中模型类型的基础上，对现有模型存在的问题进行评述，并指出下一步工作的改进方向。

第二章构建了基于多源信息融合的我国能源需求预测总体框架。从我国能源需求序列趋势的特征出发，总结了能源需求预测中存在的问题。从信息源的角度，提出将信息源分为同源信息和异源信息，并将同源信息视为模型预测的信息，给出了信息源的选择原则；异源信息则为不规则事件对能源需求的影响。针对不同的信息源类型，提出了不同的融合预测模型。最后，介绍了本书所采用的预测性能评价指标。

第三章为基于同源信息融合的我国能源需求预测。针对同源信息融合预测的问题，引入了包容性检验方法，提出了模型信息融合预测中单一模型的遴选原则。在此基础上，采用 SVM 模型对遴选出的单一模型进行融合，对 2023—2030 年的我国能源需求量进行预测。

第四章为基于异源信息融合的我国能源需求预测。针对不规则事件等异源信息的预测问题，采用专家预测系统的方法来预测异源信息对我国能源需求的影响程度。在构建专家预测系统中，重点设计了知识库和推理机。采用专家预测系统对 2023 年异源信息对能源需求的影响程度进行预测，并将其作为同源信息融合预测结果的调整，从而得到基于多源信息融合的 2023 年我国能源需求预测值。

第五章总结了本书的主要研究成果及创新之处，并对后续研究方向进行展望。

第一章　文献综述

本章从能源需求预测模型技术提升和预测误差不断改善的角度，以能源需求预测模型和影响能源需求的不规则事件为线索，梳理并总结了国内外能源需求预测的相关理论与模型特征。从能源需求预测模型本身来说，能源需求预测模型经历了单一模型、线性组合模型和非线性组合模型三个发展阶段。从影响能源需求的不规则事件来说，针对不可量化、不确定性因素的捕捉，电力负荷及其他复杂趋势序列的领域均采用专家预测系统的方法来刻画并预测。在梳理两条线索中模型类型的基础上，对现有模型存在的问题进行评述，并指出下一步工作的改进方向。

第一节　能源需求预测模型

通过国内外文献查阅及分析可以发现，现有能源需求预测效果受两方面因素的影响，一是能源需求预测模型本身的准确性，二是对影响能源需求不规则事件的忽略。

模型本身的准确性是能源需求预测效果的主要影响因素。改进能源需求预测模型，可以通过提高预测模型的准确性来改善预测效果，因此，国内外学者致力于能源需求预测模型的改进工作，将其分为单一模型和组合模型，并取得了丰硕的成果。

一、单一模型

单一模型是一种纯数学模型的拟合估计方法。根据能源需求分析方法的基本假设，可将其大致分为两类：第一类是单因素模型，即自相关时间序列模型，是基于能源系统自身对能源需求进行预测的研究方法。该类模型假设影响能源需求变化的一切因素都已反映在能源需求自身的变量中。这些影响因素的变化较为平稳，一般不会发生突变，因此，可以通过拟合能源需求的历史变化规律，如趋势外推模型、ARMA 模型和灰色模型，对未来的趋势进行预测。第二类是多因素模型，即相关关系模型，是基于整个社会经济系统对能源需求进行预测的研究方法。该类模型假设是预测值不仅局限于自身各滞后期对它的影响，还包括其他影响因素对能源需求的作用，以及各影响因素之间的相互作用。该类模型主要包括多元回归模型、协整与误差修正模型、向量自回归模型、系统动力学模型、人工神经网络模型和情景分析法等。

（一）单因素模型

1. 趋势外推模型

趋势外推模型主要包括水平趋势预测法、线性趋势预测法、多项式趋势预测法、季节趋势预测法、指数曲线法、包络曲线法和增长趋势预测法等，着眼于寻找历史数据的趋势类型，如线性或非线性趋势、季节性变化趋势等，不对其中的随机成分进行统计处理。

国外学者 Maia 等（2011）采用指数曲线模型和神经网络模型来解决间隔时间序列领域的预测问题。CUI 等（2019）采用统计方法对电负荷进行了预测。我国学者尹宇晨等（2023）基于 Transformer 算法对冷热电负荷进行了预测，从而实现园区综合能源需求预测。黄震等（2022）通过情景设置法对我国中长期能源需求和转型趋势进行了预测及分析。朱煜明等（2012）从时间序列方法中筛选出双指数平滑法，较为成功地预测了未来 5 年内某省的成品石油需求量。曼丽丹·泽尔民别克（2020）选取新疆统计局公布的能源消费总量数据，以时间序列分析方法为依据，借助 EViews 软件，分别建立了趋势外推模型、ARIMA 模型和指数平滑模型，通过与实际值作对比，得到指数平滑模型为最优模型的结论。

2. 自回归移动平均模型

自回归移动平均模型，又称 ARMA 模型，是 20 世纪 70 年代由美国统计学家博克思（Box）和英国统计学家詹金斯（Jenkins）提出的，因此也被叫作 Box-Jenkins 模型（Box，1994）。该模型是一种简单的随机性时间序列分析方法，分为平稳随机和非平稳随机两种方式。

若随机过程是平稳时间序列，根据一定的判断准则，可建立自回归模型（AR）、移动平均模型（MA）或 ARMA 模型。Aras 等（2004）用一阶自回归时间序列模型对土耳其的天然气需求量进行了预测。Magnano 等（2007）用 ARMA 模型对澳大利亚南部地区的电力需求预测问题进行了研究。Vaghefi 等（2014）针对冷却和电力负荷需求预测问题，在构建多元回归模型的基础上，采用 ARMA 模型预测残差序列趋势，使得预测精度进一步提高。

若随机过程是非平稳时间序列，则不能直接利用 ARMA（p，q）模型，而是采用差分法来使随机序列平稳化，变成 ARIMA（p，q）模型。Erdogdu（2012）采用 ARIMA 模型对土耳其的电力消费进行了预测。Sumer 等（2009）分别采用 ARIMA 模型、季节性 ARIMA 模型、回归模型 3 种方法对电力需求进行了预测，发现季节潜在变量回归模型的预测效果较好。池启水等（2007）分别运用 ARIMA 模型对我国石油需求量进行了预测。宋宇辰等（2012）也采用 ARIMA 模型对我国“十二五”期间的能源消费量进行了预测。张文丽等（2015）针对山西省能源需求数据特征，构建了 ARIMA（1，1，1）模型，并采用该模型对未来 5 年的能源需求量进行了预测。实证结果显示，该模型具有较高的精度。杜禹墨（2021）进行了能源供需结构现状分析与趋势预测。对我国能源供需现状，运用 ARIMA 模型对我国能源需求总量、能源供给总量进行了预测，得到未来几年中能源供给、能源需求总量的预测数据，为近几年内能源资源战略的制定和发展提供数据支持。Mona A. Alduailij（2020）对线性回归、动态回归、ARIMA 时间序列、指数平滑时间序列、人工神经网络、深度神经网络等进行了评价，对 2014—2019 年 5 栋公共建筑的能耗数据进行了分析，结果表明，ARIMA 模型在 5 栋公共建筑 168 小时（1 周）不间断数据中的预测精度达到98.91%，优于其他方法。

3. 灰色模型

灰色模型是由我国学者邓聚龙于1982年创立的系统科学理论。灰色模型的前提假设是将预测对象视为呈指数曲线趋势的灰色时间序列，对该序列不断累加以生成新的序列，以期挖掘出预测对象内潜在有序的规律，并构建合适的指数曲线模型。该方法具有计算简便、所需信息量少、刻画灰色系统能力较强等特点，在过去10年中得到普及应用（邓聚龙，1988）。

由于灰色模型对预测对象的刻画结果呈现平滑的指数曲线形式，因此，对于复杂非线性趋势的拟合效果则有待进一步提高。Yao（2003）等对灰色模型进行了优化，并在电力负荷预测领域广泛应用。Albert W. L. Yao 通过对残差修正模型、人工神经网络信号处理技术和灰色理论的组合运用，对灰色模型进行改进，并预测了台湾电力负荷的需求量。Zhou（2006）采用三角残差修正方法改进了灰色模型，通过对中国电力需求的预测，发现该模型在很大程度上提高了预测精度。Akay（2007）将动态性引进了灰色模型，利用滚动机制的灰色模型（GPRM）对土耳其总耗电量和工业用电量进行了预测，结果显示GPRM的预测精度较高。Chung（2022）利用数据区间来表示能源需求预测中的不确定性，从而建立了无须统计假设的区间灰色预测模型。首先，利用神经网络进行非线性回归分析，确定区间数据。其次，采用灰色预测，得出能源需求上下限的变化趋势。最后，利用估计的上下限，可以进一步得到每个时间点的最佳非模糊性能值。Chung 所提出模型的优点在于，涉及残差修改和机器学习的超参数设置构造简单，足以作为计算机程序实现，无须任何统计假设，利用实际能源需求数据对模型的预测精度进行验证。结果表明，与其他区间灰色预测模型相比，Chung（2022）所提出的基于功能连接网修正残差的灰色预测模型表现良好。

我国学者针对灰色模型有限的适用范围以及预测误差较大等问题，主要从以下三方面加以改进：对观测数据进行预处理（王淑华，2008）、调整模型的待辨识参数（高岩，2010）以及改善模型的背景值（王义闹，2001）。张会新（2010）建立了三角残差修正的 GM（1，1）模型，不仅能够获得趋势项，而且能较好地捕获周期性，从而提高预测精度。刘亮亮（2008）利用适用于波动性和随机性较大的马尔可夫模型来弥补灰色模型的不足，在我国能源需求预测中取得了较好效果。穆海林（2011）采用预估—校正技术对灰色模型的背景值进行了优化，通过改进的灰色模型对我国能源需求预测问题进行了研究。张祖欣（2012）也对灰色模型加以改进，并对我国能源需求量进行了研究。此外，童泉格（2015）针对内蒙古能源的构成特点，采用广义灰色模型对该地区的能源需求量进行了预测。于雪娇（2015）构建了云南省的能源需求灰色预测模型，并对 2015 年的云南省能源需求量进行了预测。孙李红（2015）针对我国能源需求预测的问题，采用 GM（1，1）模型和 GM（1，1）模型参数估计的加权最小二乘方法，构建了我国能源需求预测模型，实证研究结果显示，该模型可用于预测，但预测精度有待进一步提高。方欢欢（2020）结合电力能源需求总量历史样本数据特征，利用线性回归理论对电力能源需求灰色预测数据进行平滑处理，剖析了电力能源需求时间序列中的线性变化特性，进而基于灰色线性回归方程对电力能源需求的未来变化趋势进行了预测。赵洪英（2020）通过解决模型的新信息优先和解的稳定性问题对灰色预测模型进行了改进，提出一种精度更高的预测模型，并采用该模型进行了能源消耗的预测研究，通过研究发现，对灰色预测模型累加方式的改进可以有效地解决传统灰色预测模型不满足新信息优先以及模型解的稳定性，同时还能够提高模型的预测精度。

（二）多因素模型

1. 多元回归模型

多元回归模型是由两个或两个以上的自变量和一个因变量构成的方程，这些自变量通常被用来解释因变量的变化情况。多元回归模型在能源需求预测领域应用较为普遍。Rijal（1990）通过多元线性回归模型预测了尼泊尔的能源需求量。ONeill 和 Desai（2005）通过回归模型考察了美国能源信息署关于能源需求预测问题的研究，发现 GDP 对能源需求的影响程度始终很高，而能源强度则恰恰相反。Piltan 等（2012）将电力消费量看作电税、员工人数、制造业增加值等变量的函数，设计了 2 个线性函数和 3 个非线性函数，并通过进化算法来确定各变量的最优权重，从而对伊朗金属工业的能源需求进行了预测。Melikoglu（2013）提出以人口为解释变量的线性回归模型，将其作为一些发展中国家天然气需求的中期预测模型。Khan（2015）设计了 5 种多元回归模型，通过不同模型确定了部门收入、价格和天然气需求的交叉价格弹性与天然气需求量之间的回归系数，并根据方程显著性等指标选择出最佳的模型作为巴基斯坦天然气需求预测模型，对 2012—2020 年的天然气需求量进行了预测。Felice（2015）通过线性回归和非线性回归模型发现，欧洲夏季平均温度和意大利电力需求之间存在某种关系，尤其是意大利中南部 5 月的温度与电力需求量的显著相关系数要高于 0.6。该研究结果有助于理解电力需求量与温度之间的关系，是预测欧洲电力需求的重要前提。Lee（2007）研究了中国台湾能源消费量对经济增长的影响方式，针对线性或者非线性影响方式的问题，发现回归模型更为适用。姜学勤（2007）利用回归分析法考察了 GDP、汽车拥有量、国际原油价格与国内石油出厂价格指数对石油消费量的影响，结果表明，收入、汽车拥有量和石油价格都对石油消费量产生了显著影响。Yu 等通过通径分析的方法确定能源需求的主要影响因素，分别是 GDP、人口、经济结构、城镇化率和能源结构，根据这些因素设计了线性、指数、二次函数的 3 种预测模型。为了进一步提高各种回归模型的预测精度，通过改进的 PSO-GA 算法来寻找各因素的最优权重，实证研究结果显示，基于 PSO-GA 算法优化的回归模型，其预测效果均优于单一优化算法的模型和未优化的多元回归模型。Bing-Bing Li（2015）也采用 GA、PSO 等进化算法来确定线性、指数、二次函数这 3 种预测模型的最优权重，实证结果显示，在 VAR 模型、RBF 神经网络模型、GA-DEM 模型和投入产出模型中，基于 PSO-DEM 模型预测精度最高，其 MAPE 值低于 2%。

2. 协整与误差修正模型

针对非平稳序列直接构建回归模型，会出现虚假回归等问题，因此，要对非平稳序列进行线性组合处理，使之呈现平稳的趋势，这样的组合方式被称为协整方程。从定义中可以看出，协整与误差修正模型在避免非平稳数据的伪回归上作出了重要贡献，并逐渐发展成为一种重要的计量工具。

协整与误差修正模型在国外的应用主要围绕能源需求和经济发展的关系展开。通过实证分析，得出两种结论。一种结论认为，能源需求和经济发展之间存在格兰杰因果关系。Kraft 等（1978）采用协整模型对 1947—1974 年美国的统计数据进行了研究，发现 GDP 与能源需求之间存在单向的因果关系。Obas John Ebohon（1996）通过协整理论研究了坦桑尼亚和两个发展中国家经济发展与能源需求之间的关系，发现二者存在双向的因果关系。Glasure 和 Lee（1998）通过协整与误差修正模型研究了新加坡的能源需求与经济发展的因果关系。Asafu-Adjaye（2000）采用协整与误差修正模型研究了印度、印度尼西亚、菲律宾和泰国 4 个国家的能源需求和经济发展之间的关系，结果显示，印度和印度尼西亚的能源需求和 GDP 之间存在单向的因果关系，而菲律宾和泰国二者则存在双向的因果关系。Soytas 和 Sari（2003）采用协整与误差修正模型对西方七国集团国家能源需求与 GDP 的关系进行了研究，结果显示，在阿根廷，二者存在双向的因果关系；在意大利与韩国，GDP 单向影响能源需求的变化；在土耳其、法国、德国和日本，能源需求则单向影响 GDP 的变化。另一种结论认为，它们之间不存在格兰杰因果关系。Yu 和 Hwang（1984）为了验证 Kraft 1978 年的研究结果，将同样的数据样本区间更新为 1947—1979 年，通过协整理论与误差修正模型发现，国民生产总值与能源需求量没有因果关系。Yu 和 Choi（1985）对此进行了长期跟踪研究，将样本范围扩大至发展程度不一的 5 个国家，即菲律宾、韩国、英国、美国和波兰。分析结果显示，菲律宾只存在从能源需求到 GNP 的单向因果关系，韩国与菲律宾则恰恰相反。而剩余的 3 个国家中，相互之间没有任何因果关系。Erol 和 Yu（1987）通过研究发现，6 个工业化国家中，经济发展和就业率两个变量与能源需求之间不存在显著的因果关系。Yu 和 Jin（1992）采用协整理论，研究发现 1974—1990 年，美国收入与能源需求二者不存在因果关系。由以上文献可以发现，采用协整与误差修正模型来研究能源需求和经济发展关系的文献有很多，Lee 和 Yoo（2005）对已有文献进行了梳理，并在综述中指出已有研究存在的问题，指明了下一步的工作方向。除此之外，还有一些学者采用协整理论与误差修正模型对能源消费量进行了研究，如 Eltony 和 Mutairi（1995）使用协整理论与误差修正模型建立了科威特天然气需求模型；Franco 和 Blanco 等（2006）运用协整理论和误差修正模型对 Venezuelan 电力系统 2004—2024 年的电力需求进行了预测；Oryani Bahareh（2002）采用误差修正模型、Bayer 和 Hanck 协整检验以及 3 种协整回归，完全修正的普通最小二乘法（OLS）、动态 OLS 典型协整回归，最后是 Breitung - Candelon Spectral Granger 因果检验。从短期和长期来看，RGDP 和 ECI 增加（反弹效应）EC，REPI 降低 EC。此外，因果关系结果表明，RGDP、ECI 和 REPI 在短期、中期和长期与 EC 相关，研究结果对政策制定者管理伊朗能源消费具有启示意义。

在我国，协整与误差修正模型的应用起步较晚，开始于 2000 年后，也是主要围绕能源需求和经济发展的关系展开的。林伯强（2003）采用协整与误差修正模型，在研究能源需求与经济发展等变量关系的基础上预测了我国的能源消费量。韩智勇（2005）研究了 1978—2000 年能源需求与经济发展之间的关系，发现二者之间存在双向的因果关系；他提出，在制定能源政策时，我国要考虑经济发展目标和能源供应压力的双重因素。马莉和叶强强（2016）通过协整分析研究能源消耗与经济增长的耦合关系，构建 VAR 误差修正模型以提高分析准确性，采用格兰杰因果关系进一步检验研究各影响因素的因果关系，为政府制定相关能源政策提供理论依据。张粒子（2012）构建了中国能源需求长期均衡方程和误差修正模型，并预测了中国未来的能源需求。樊元等（2013）通过协整检验和向量误差修正模型，考量甘肃省能源消费与经济增长之间的动态影响关系。徐丽杰（2013）运用协整理论和格兰杰因果检验方法，发现甘肃省能源消费与经济增长之间存在显著的正相关关系，河南省的能源需求是单向影响经济增长的原因。马千里（2020）采用 MS-VAR 相关性分析模型，揭示了辽宁省能源消费与经济增长的因果关系，研究发现能源消费与经济增长的关系呈“U”形。郑玉华（2013）采用协整与误差修正模型对石油需求增长和三次产业经济增长之间的动态关系进行了研究，实证分析显示，石油需求对第三产业的长期弹性系数最大，而第二、第三产业对石油需求增长趋势的短期影响较小。于松青（2014）针对山东省电力需求问题，采用协整理论和误差修正模型对 2010—2011 年的电力需求量进行预测，并取得了较好的预测精度。吴士健（2016）基于山东省 1985—2013 年一次性能源消费与经济增长的统计数据，在平稳性检验的基础上对两者之间的内在关系进行了协整检验和误差修正模型分析，发现山东省能源消费与 GDP 增长之间存在稳定的双向格兰杰因果关系，经济增长和能源消费之间的相互依赖性很强。

3. 向量自回归模型

向量自回归模型（VAR）由 Sims 于 1980 年提出，是从数据的统计性质出发，研究变量相互关系的一种简易方法。由于该模型中变量滞后期较多，回归系数的参考意义不大（Sims，1980），因此，通常利用 VAR 模型基础上的脉冲响应函数来进行分析。脉冲响应函数的基本思想是给一个变量以一个单位标准差的正向冲击，观察其他变量的响应结果。

VAR 模型虽然在货币政策、证券市场以及经济波动方面被广泛采用，但在能源需求预测方面的研究起步较晚。国外利用该模型对能源需求预测的研究主要在 2000 年以后。Stern（2000）通过劳动力、资本、能源和 GDP 的 VAR 模型对美国 1947—1990 年的数据进行了研究，结果发现能源消费与 GDP 存在脉冲响应关系。Lee（2002）研究了石油价格冲击对美国 14 个工业行业和宏观经济的影响，结果发现，当石油价格作为供给冲击时，会增加高耗能行业的投入成本；当石油价格作为需求冲击时，则会削弱低耗能行业的需求。Carolina Garciã-Ascanio 等（2010）对比分析了 VAR 预测模型和多层感知器模型，并分别用这两种模型预测了西班牙 2006—2007 年每月的电力需求，结果显示，VAR 模型的预测精度更高。Crompton（2005）采用贝叶斯向量自回归模型预测了中国 2010 年的能源消费量，认为未来的能源消费增长率会降低。Carolina 针对西班牙电力负荷月度需求时间序列中区间数据的预测问题，提出了 VAR 模型，并与区间多层感知器（iMLP）进行比较，实证结果显示，VAR 模型预测精度更高（García-Ascanio，2010）。

在国内，赵丽霞（1998）采用 VAR 模型对能源要素进行了实证研究，结果发现，能源在我国已经成为不能被完全替代的限制性生产要素。周建（2007）分析了能源需求与其影响因素的关系，利用脉冲响应函数和方差分解的方法定量考察了各影响因素的冲击对能源需求的传递效应和各自对能源消费的贡献程度。纪玉山（2008）将石油消费量、石油价格、石油产量、GDP 和煤炭消费量这 5 个变量纳入 VAR 模型，分析认为中国石油消费增长的首要原因是石油消费本身的累积性冲击。杨肃昌（2012）运用 VAR 模型和脉冲响应函数预测了物价、人口、经济增长、城市化、产业结构、能源消费结构、科技进步等因素对能源需求的影响程度，结果发现经济增长、城市化对能源需求有正向冲击，而产业结构和人口对能源需求则有负向冲击，能源消费结构和科技进步对能源需求的冲击却不显著。丛威（2012）运用 VAR 模型对经济增长、环境质量和能源消费之间的关系进行了研究，并动态预测了短期的碳排放和能源需求量。周凯周（2013）通过 VAR 模型对发达国家和发展中国家的能源消费和经济增长之间的关系进行了实证研究，并采用脉冲响应函数和方差分解方法对煤灰、石油、天然气及其能源消费总量对经济发展的动态影像作进一步分析。曲万成（2014）采用向量自回归模型对电力需求量与经济增长之间的动态关系进行了分析，并通过脉冲响应函数研究了经济增长对电力需求的冲击效应。刘继旺（2014）采用 VAR 模型研究了云南省能源消费、经济增长与碳排放之间的动态关系，结果显示，未来几年随着云南省经济增长速度的加快，由能源消费增加引起的碳排放问题也将加剧。曹孜（2015）采用脉冲响应函数分析了城市化过程中各变量对能源消费的即期冲击，并在分析产业结构、收入水平、城市化变化趋势的基础上，对我国能源需求量预测问题进行了研究。向青（2015）基于 VAR 模型，测算了 GDP、人口、城市化水平、产业结构、能源消费结构、能源强度等因素对湖南省能源需求的贡献程度和方式，研究了湖南省能源消费的动态变化，研究结果表明，GDP 和能源强度贡献程度最大，人口、产业结构、能源消费结构次之，城市化水平最小。蔡嘉玮（2018）采用 VAR 等计量经济学方法对历史上能源需求预测误差的成因进行了定量分解，研究发现经济增速判断误差是影响能源需求误差的最重要因素。从分品种角度看，全球范围内天然气需求潜力被严重低估，煤炭需求预测误差也较大，一次能源总量和石油需求预测误差相对较小。王海波（2020）以印度尼西亚能源需求为主要研究对象，分析了影响印度尼西亚能源消费的各方面因素，最终基于印度尼西亚实际情况，以一次能源消费量（EN）表示能源消费并作为因变量，将 GDP 和工业增加值（IND）作为自变量纳入 VAR 模型，协整分析表明，工业增加值对一次能源消费量的影响比 GDP 对一次能源消费量的影响更大。杜禹墨（2021）通过协整检验得出经济因素、能源进口总量、能源总储量以及外商直接投资因素均与能源供给总量存在长期协整关系，同时也对各影响因素与能源供给之间的动态变动关系进行了实证研究，依照先部分后整体的思路，先通过因果检验判断各影响因素与能源供给总量之间是否存在因果关系，再通过构建 VAR 方程的方法判断整体的协整性，依据分析结果提出更有针对性的政策改革建议。

4. 系统动力学模型

系统动力学模型简称 SD 模型，是由美国麻省理工学院（MIT）福瑞斯特教授于 1956 年创立的系统仿真方法。该模型具有非线性、多变量、高阶次、多重反馈、复杂时变等特点，因而较适合处理复杂大系统的问题，并在能源预测领域逐渐被应用。

系统动力学在国外的应用较早，Plass 于 1976 年设计了一个简化的能源—经济—环境系统动力学模型，并对美国能源、经济与环境的关系进行了研究（Plass，1976）。Gevorgian（1998）利用系统动力学模型对亚美尼亚地区不确定能源供给条件下的能源分配进行模拟，并进行了短期预测。直到 20 世纪 80 年代，系统动力学模型才开始应用于能源需求预测。Li（2012）的分析认为，系统动力学模型比传统的线性模型更适合用来分析能源经济系统的非线性特征，并采用该模型对中国的能源消费进行了预测。Talal（2022）采用系统思维和系统动力学方法来构建氢能源的概念模型，以此强调氢能源到2050年可能的增长。结果表明，燃烧途径可能会增加采用氢气作为燃料的风险，而且全球氢能源需求的潜在范围正在上升，2030年可能为73兆~158兆吨，2040年可能为73兆~300兆吨，2050年可能为73兆~568兆吨，具体取决于所提出的情景。Setiawan（2019）阐述了印度尼西亚公路运输部门的系统动力学模型。该模型考虑了活动、结构、强度和燃料框架下的基本政策选择，包括降低能源消耗和二氧化碳排放两个主要目标，制定了包括照常营业、运输需求管理、引入燃油经济性标准和收费系统、考虑未来技术改进因素和燃料转换策略的电动汽车的政策方案。结果表明，在2050年，必须将政策组合作为降低能源消耗、二氧化碳排放、实现国家能源组合目标的最有效策略。

张丽峰（2006）对向量自回归模型、灰色系统模型和系统动力学模型3个单一模型进行组合，对我国能源供需总量进行了中长期预测。针对能源消费预测问题，王海宁（2010）构建了系统动力学模型，对陕西省能源消费、经济发展以及污染物排放等进行了预测。杜鹃（2014）采用系统动力学模型较为准确地模拟了成都市能源、环境与经济之间可持续发展的实际情况。杨永春（2014）以川渝地区为例，构建了系统动力学模型，对天然气的供需预测进行了研究。吕涛（2015）利用系统动力学模型对未来20年不同情景下印度的能源及煤炭需求量进行了预测，结果发现，印度可能成为全球能源和煤炭消费增长最快的地区。李肖冰（2015）设计了系统动力学流图，并通过系统动力学模型分别预测出煤炭、石油、天然气、电力以及能源的总体消费量。为了探索不同情景下长三角地区未来电力需求状况，皮渡洋（2023）以LMDI和灰色关联模型研究结果为依据，结合系统动力学模型，设置了经济增长、人口规模、城镇化水平、电能替代水平、产业结构和技术进步6个指标的不同发展速率，构建出长三角地区2020—2050年电力需求的9种不同情景模式。通过对不同情景下的预测结果进行对比分析，研究结果表明，第二种情景是长三角地区未来电力需求的最佳路径选择，到 2050 年长三角地区电力需求将达到 30711.72 亿千瓦·时。李健（2018）基于系统动力学，构建了京津冀能源系统仿真模型，探索 2020 年能源消费量，并通过情景分析法，模拟出不同能源政策制定对京津冀能源消费和环境的影响。研究表明，京津冀能源消费整体呈上升趋势，2020 年预计达 64931.1 万吨标准煤；GDP 增长会同时带动能源消费、二氧化硫和二氧化碳排放量的增加，但二氧化碳排放量的增加幅度远大于二氧化硫排放量的增加幅度。方德斌（2017）基于能源—经济—环境大系统的协调作用，构建了中国能源需求预测预警的系统动力学模型，运用情景模拟方法模拟新常态下经济增速、产业结构、能源政策 3 种不同的情景，分别预测了“十三五”期间中国能源需求量、需求结构、二氧化碳排放量和能源预警指标。研究发现，新常态下，能源需求总量增速由高速增长变为中高速增长；当经济增速为 6.5%时，加快产业结构转型，加大能源调控力度，2020 年我国能源需求量将达到 50.78 亿吨标准煤，非化石能源需求比例为 16.1%，二氧化碳排放量达到 103 亿吨，能源自给率为 82.7%，该指标处于预警区域。

5. 人工神经网络模型

人工神经网络模型（简称 ANN 模型）是为达到某种处理信息的目的，人工构造的用以模仿大脑神经网络行为的数学模型，该数学模型是一个由大量简单元件相互连接而成的复杂网络（赵振宇，1996）。针对沙特阿拉伯东部地区电力负荷消费的数据特征，Nizami（1995）采用了两层前向反馈神经网络模型，取得了较好的预测效果。McMenamin（1998）采用神经网络模型对电力需求量进行了短期预测，结果发现，神经网络模型适用于能源系统的非线性特征。Hsu（2003）采用人工神经网络模型对区域电力负荷峰值进行了预测。Gorucu（2004）采用 GNP、人口数和机动车行驶公里数作为训练神经网络的输入层，把交通能源消费量作为输出层，构建了基于 ANN 的土耳其交通能源需求预测模型。Gonzalez-Romera（2006）将西班牙半岛的月度电力需求趋势分解成两个子序列，并采用神经网络模型分别预测，最后将子序列的预测结果予以集成，实证研究结果显示，先分解后集成的方法比单一神经网络模型精度更高。Sözen（2007）用3个不同模型分别训练ANN。第一个模型中的能源指标采用发电量、装机容量、能源进口量和出口量作为ANN的输入，第二个模型中的经济指标采用GNP，第三个模型则将GDP作为ANN的输入层，3个模型的输出层均是净能源消费量（NEC）。研究发现，当经济指标选取GDP时，神经网络的精确度更高。Coskun Hamzacebi（2007）指出，人工神经网络模型能够反映数据之间的非线性关系，并同时得到多个变量的预测值，因此，采用该模型分部门对土耳其2020年的电力需求量进行了预测。Arash（2004）采用ANN模型构建了美国工业能源需求的预测模型，实证研究结果显示，相较于多元线性回归模型，该预测结果具有更高的精度，证实ANN模型是可靠且有效的。Rodger（2014）为实现节约能源成本的目标，在顶板单元无线感知系统的日常监控中，提出一种模糊近邻神经网络统计模型来解决用于控制温度、空调等决策支持系统中天然气需求预测的问题，并取得了较好的效果。Farouk Naeim（2023）通过开发多层神经网络，研究了相变材料（PCM）建筑的能耗，包括转变温度、设定点和PCM厚度在内的3个输入参数以涵盖324种不同情况的方式组合在一起。神经网络的研究结果表明，预测冷负荷量的准确率可以达到95%以上。Runge Jason（2023）探索了人工智能方法在区域供热系统未来热负荷预测中的应用。在这项工作中，对预测和基于预测的方法进行区分；再将每种方法与基于机器学习和深度学习的突出算法进行比较，以估计未来6小时和24小时的供热需求。这项分析使用了加拿大魁北克地区供热系统的可用数据和从加拿大气象服务中获得的实际天气预报。本工作中的所有模型都应用了网格搜索来校准各自的超参数，结果表明，所有的机器学习模型都获得了良好的精度，误差不超过16%（RMSE），其中表现最好的模型的误差接近10%（RMSE）。Maaouane Mohamed（2022）建立了一个基于40个人工神经网络的运输模型，收集了28个欧洲国家的能源效率指标数据，构建了利用社会经济变量预测这些指标的模型，采用自下而上的方法将预测数据与总能耗进行比较。该模型被用来预测 2050 年的能源消耗，考虑了多种替代假设，评估了冻结效率、欧盟立法的实施、汽车电气化和模式转变四种长期能源需求情景，制定的模式为决策机构提供了确定关键问题、执行政策和重新分配基础设施的必要工具。

我国学者黄海萍（2007）运用 BP 神经网络的原理对中国电力需求进行了预测，认为未来十几年中国电力需求量仍将大幅度增加。王珏（2009）采用小波的方法对神经网络予以改进，研究结果表明，改进的神经网络模型比多元回归模型具有更高的预测精度。针对数据不足的缺点，冯乐（2012）采用动态广义回归神经网络模型对我国未来 10 年的煤炭需求量进行了预测。在对影响石油需求指标分类的基础上，孙梅（2013）采用广义回归神经网络和误差反向传播神经网络模型来预测未来的石油需求，并进一步采用神经网络平均影响值的方法确定了对石油需求影响贡献度最大的 5 个因素。吴伟杰（2021）从能源耦合角度出发提出了一种改进灰色关联分析和粒子群算法优化 BP 神经网络的能源需求预测方法，基于传统灰色关联分析的不足以及 BP 神经网络的初始权重过于随机化的特点，采用改进粒子群算法优化 BP 神经网络实现能源需求预测。以广东地区为实例，吴伟杰（2021）分析了能源耦合对能源需求预测的影响，该预测方法有效地提高了预测精度，准确预测了“十四五”“十五五”广东地区能源需求量。许若冰（2020）提出了一种基于深度置信网络的多类型能源需求预测方法，通过卷积神经网络进行自动特征提取，并将其中间层的更有效特征抽取出来；将抽取到的特征输入深度置信网络，从而进行无监督方式和有监督方式相结合的训练学习，最终得到能源需求预测结果。宗旬（2021）研究了投影神经网络算法在电动汽车能源需求响应中的应用，并利用投影神经网络算法建立了含有约束的电力成本优化模型，并将原始问题转化成投影神经网络问题。为了得到该模型的最优解，其使用了一种结合反馈神经网络和惯性投影神经子网络的集中式神经动力学优化算法（惯性投影神经网络在经典投影神经网络的基础上设计了一个二阶的算法，加入了惯性因子），该算法在求解非凸问题时，通过对惯性因子进行迭代，可得到不同的局部最优解。在该算法中，将反馈神经网络作为子网络来找到精确的局部最优点，而惯性投影神经子网络可以通过调整惯性因子在全局范围内搜索不同的局部最优点，通过数据对比找出更好的局部最优解。仿真结果的性能评估可以证明所提算法的有效性和可行性。

由于各单一模型前提假设和理论基础的不同，其适用情况和模型特征也各不相同。对各单一模型的适用范围及优缺点进行归纳梳理，如表 1-1 所示。

表 1-1　各单一模型适用范围及优缺点梳理表

<table>
<tr><th>预测方法</th><th>时间范围</th><th>适用情况</th><th>优点</th><th>缺点</th></tr>
<tr><td>趋势外推模型</td><td>中、长期</td><td>适用于具有趋势性时间序列的预测</td><td>只要历史数据，所需数据量较少</td><td rowspan="2">由于传统时间序列只能预测因变量按过去的轨迹变化时的趋势，无法考虑因变量与自变量之间的因果关系，当历史数据起伏较大时，预测精度较差</td></tr>
<tr><td>指数平滑模型</td><td>短期</td><td>适用于具有季节变动性、周期短的预测</td><td>简单、快速</td></tr>
<tr><td>ARMA 模型</td><td>短期</td><td>适用于时序比较平稳、均匀的短期预测</td><td>对非平稳序列建模时，能较好地处理随机扰动因素</td><td>①对非平稳序列进行平稳化处理，即差分处理时，往往会丢失原序列中的重要信息，即趋势项和周期项；②只致力于时间序列的拟合，未对该序列的规律性进行处理</td></tr>
<tr><td>灰色模型</td><td>中长期</td><td>适用于发展呈指数型趋势的预测</td><td>①能解决历史数据少及可靠性低的序列，使复杂问题大大简化；②不考虑分布规律，不考虑趋势变化，趋势项模拟能力较强；③建模时不需要计算统计特征，计算简便，拟合近期数据效果很好</td><td>针对离散程度大、非指数型、波动性较大的序列，预测效果不好</td></tr>
<tr><td>多元线性回归模型</td><td>中长期</td><td>适用于因变量与存在线性关系的两个或两个以上自变量之间</td><td>①着重分析预测对象的各自变量的影响效应，考虑了相关性；②模型参数估计技术比较成熟，预测过程简单，操作简便，预测结果也比较科学可信</td><td>①要求数据满足先决条件，回归变量不好考量；②线性回归分析模型预测精度较低</td></tr>
</table>

续表

预测方法	时间范围	适用情况	优点	缺点
协整与误差修正模型	长期	适用于非平稳时间序列的预测	协整理论可以克服随机性时间序列的缺陷，可以分析非平稳数据的均衡关系	假定因变量与自变量的变化关系为恒定不变，是一种静态变化关系，这种研究框架无法反映因变量内在结构的特点以及自变量动态变化的相互影响关系
向量自回归模型	中长期	适用于分析各自变量对因变量的传递效应	①能建立非线性、动态关系的模型；②克服了仅依据经济理论或对经济行为的认识来建模的主观性和局限性	使用的经济理论并不要求完全规范
系统动力学模型	中长期	适用于对复杂系统隐藏规律的发掘	能建立非线性、动态关系的模型	运行成本很高
人工神经网络模型	短、中、长期	适用于非线性问题	①自适应功能较强；②具有信息记忆、自主学习、知识推理的特点；③在建模时都不需要计算统计特征	①存在局部最小、过学习以及隐层网络节点数选取缺乏理论指导等缺陷；②神经网络的学习过程比较慢，对不规则数据的适应性差

（三）评述

从单因素模型和多因素模型来看，单因素模型是基于能源系统自身对能源需求进行预测的研究方式，反映了预测对象的内在统计特性和发展规律性，因此，可以通过历史数据推测未来较长时期的变化趋势。该方法能够较好地消除能源需求序列中的随机性波动，拟合确定性趋势能力较强，但是未反映出能源需求复杂系统中因素的因果关系。多因素模型是基于整个社会经济系统对能源需求进行预测，可以分析出能源需求系统中多个影响因素与能源需求的因果关系或结构比例关系，但对影响因素的选择要求较多，复杂性也随之提高。总体来说，单一模型易于操作，并在能源需求预测领域得到了充分的运用。但是，每一种模型都有难以避免的局限性，无法全面刻画能源需求的基本规律。当样本数据的发展趋势受到随机因素影响时，会导致较大的随机波动，因此，单一模型在中长期预测中的适用性及预测精度很难提高。

二、组合模型

组合模型是把代表不同信息源的单一模型进行融合，从而通过捕捉更多的信息量来改善预测效果，因此，组合模型常常表现出良好的外推预测性能。自 1969 年 Bates 和 Granger 提出组合模型后，组合预测的文献越来越多。综观国内外能源需求组合预测领域相关的文献，按赋权方式的不同，将其分为线性组合模型和非线性组合模型两种类型。

（一）线性组合模型

线性组合模型是把各个单一模型的预测结果通过线性加权的方式组合在一起。线性组合模型的研究重心是确定组合预测模型的权重。在能源需求预测领域中，线性组合权重的求解方式通常有非最优组合模型和最优组合模型两种（熊国强，2007）。

1. 非最优组合模型

非最优组合模型确定组合模型权重的基本思想是，若某个单一模型预测误差序列的变异系数越大，则其在组合模型中对应的权值就越小。在能源需求预测领域，非最优组合模型的赋权方式有标准差法、误差平方和倒数法、熵值法等（汪同三，2003）。

卢奇（2003）分别采用灰色模型、神经网络模型及多元回归模型来预测能源消费，并采用标准差法进行组合预测。王会强（2007）建立了我国能源消费系统的 ARMA 模型和灰色模型，通过标准差法进行组合模型预测。高军（2012）建立了灰色—增长曲线组合预测模型，同样采用标准差法来确定权值，对四川“十二五”期间的天然气消费量进行预测；为提高精度，还用马尔可夫链对预测结果进行了修正。张志启（2012）采用等权法和标准差法来求解 ARIMA 模型、三次曲线模型和 GM（1，1）模型的组合权重，对 2011—2015 年我国能源消费量进行了预测。曹飞（2013）分别采用指数回归模型、能源需求弹性回归模型及灰色模型建立了陕西省能源消费组合模型，并以预测误差平方和最小为准则解决了非负权重的分配问题。张玉春（2012）在应用 ARMA 模型和 GM（1，1）模型对甘肃省的能源需求进行预测时，用方差倒数法将两个单一模型予以组合，预测结果发现，组合模型预测精度明显高于单一模型。黄欣（2021）提出了一种融合灰色关联度分析和 BP 神经网络的能源需求组合预测方法，该模型着重考虑了宏观政策影响，且有效地提高了预测精度。秦晋栋（2012）结合灰色预测模型最新理论成果，提出了基于新陈代谢模型、GM（1，1）模型以及离散 DGM 模型的组合模型，组合模型中各单一模型的权重采用熵值法来确定，以此对湖北省 2001—2010 年能源需求总量进行实证研究。朱青（2012）采用等权重的方法对 ETS 和 Holt-Winters 两种单一模型进行组合，并预测了 2020 年我国煤炭需求量。慈向阳（2014）采用方差倒数法对协整模型和灰色系统模型予以组合，采用该组合模型对上海市 2014—2020 年的全社会用电量进行预测，并取得了较好的预测效果。柴建等（2015）针对电力需求量预测问题，采用等权重方法对 ETS 模型、ARIMA 模型和多元回归 3 个单一模型进行组合，实证结果显示，该组合模型充分利用了各单一模型的优势，具有很好的合理性和适用性。李淑宇（2021）基于山东省 1995—2016 年能源消费数据，将 4 种新型预测模型（MGM、MNGM、MNGM-ARIMA、MNGM-BP）应用到山东省未来能源消费量的预测研究中，结果显示以上 4 种模型的平均相对误差分别是 6.334%、5.802%、3.477%和 3.582%。另外，组合模型（MNGM-ARIMA、MNGM-BP）要比单一模型（MGM、MNGM）具有更高的准确性，证明了“误差修正+二次建模”的建模策略有利于模型精度的提升。基于四组预测结果，该研究采用 IOWGA 算子理论的组合赋权法，根据精度越高、赋予的权系数越大的原理，对多种混合模型的预测结果进行整合处理，最终得到了唯一的最具精确性的预测值。张海鹏（2022）以 2011—2020 年贵州省能源消费数据为参考数据，基于 ARIMA 模型、GM（1，1）模型和 GM-ARIMA 组合模型对贵州省 2011—2020 年的能源需求数据进行拟合预测，并与实际结果进行比较。通过分析相对平均误差值发现，GM-ARIMA 模型在预测未来能源需求方面具有更高的准确性。邓鸿鹄（2013）考虑到组合模型所具备的优点，在比较现有组合方法的基础上，使用 BP 神经网络、ARIMA（1，1，1）模型和 Elman 神经网络模型构建了基于均方误差非最优权重组合法的组合模型和基于最小误差平方和为目标函数最优权重线性组合法的组合模型，并分别选取检验样本数据进行预测精度检验。在比较分析了组合模型和单一模型的整体拟合精度和效果后发现，组合模型能够综合利用各单一模型的信息，提高预测工作中的整体精度，且能使预测精度保持在相对稳定的范围内，使得模型的拟合及预测效果具有较强的稳定性。杨一飞（2020）基于保定市 2000—2016 年能源需求相关数据，综合运用灰色预测、二次指数平滑、偏最小二乘回归法及其加权组合模型分别拟合了保定市能源需求曲线，结果证明组合模型比其他模型具有更高的预测精度，并预测保定市能源需求总量在不同情景下的趋势。

2. 最优组合模型

在能源需求预测的应用中，最优组合模型应用较为普遍。以权重是否随预测时间变化为划分标准，最优组合模型主要分为不变权组合模型（戴华娟，2007）和可变权组合模型（Diebold，1996）两种类型。

不变权组合模型在能源需求预测领域的研究主要有以下文献。侯运炳（2008）构建了计量技术与部门分析灰色系统结合的优化组合模型，预测了河北省 2007—2012 年的煤炭需求，取得了比较理想的效果。宋雅晴（2011）根据我国 1990—2008 年能源消费的数据，建立了我国能源消费的组合模型，结果发现预测效果显著优于单一模型。随后，其于 2013 年在误差平方和达到最小的约束条件下求解二次多项式、GM（1，1）和时间序列这 3 个单一模型组合预测的权重。实证研究结果显示，该组合模型的预测精度显著提高，并对安徽省未来 4 年的能源需求量进行预测。解晗（2014）提出了灰色神经网络组合模型，对河北省电力需求量进行预测。颜筱红（2011）采用诱导有序加权法对已有能源需求组合模型的不足加以改进，并通过实证检验证实了该模型的有效性。孟凡生（2013）采用拉开档次法来求解 ARIMA、多元回归、

GM（1，1）和 SVM 这 4 个单一模型的组合权重。实证研究结果显示，该组合模型拟合度较高，并预测了 2012—2020 年我国能源需求量。为了进一步提高神经网络模型在电力需求预测领域应用的精度，Hassan（2015）通过异质结构方式构建了 100 种 NN 模型，并采用 3 种组合方法对该结果加以组合。研究结果发现，无论哪一种组合方式，其预测效果均优于每一种单一的 NN 模型，而且在 3 种组合模型中，基于贝叶斯组合模型的预测精度最高。文炳洲（2016）选用灰色系统模型、三次指数平滑模型和 BP 神经网络模型 3 种预测模型，应用 Shapley 值权重分配法确定各预测模型的权重，从而构建组合预测模型，并对我国能源消费进行组合预测。在保持过去发展规律基本不变的条件下，2014 年能源需求总量为 383718.16 万吨标准煤，2020 年已达到 462089.33 万吨标准煤。2013—2020 年能源需求总量年均增长率为 3.38%。张彦萌（2021）建立我国能源需求中长期预测的灰色 GM（1，1）模型、多元线性回归、BP 神经网络、偏最小二乘回归等单一模型，并以 1990—2019 年能源消费量为观测值，分别对单一模型的有效性进行检验。考虑到组合模型具有整合更多有效信息、提高预测精度等优势，从权重分配的角度出发，构建等权组合模型与非等权组合模型。在非等权组合模型中，借助 Shapley 值法和包容性检验计算权重，并对 2020—2030 年我国不同种类的能源需求进行预测。董影（2023）利用协整检验方法研究了能源消费总量的影响因素与能源消费总量的关系，确定能源消费总量的影响因素后，将这些影响因素作为支持向量机的输入变量建模，同时利用灰色预测模型对 1990—2019 年的能源消费总量时间序列数据建模，对 2025 年的能源消费总量进行预测。

可变权组合模型在能源需求预测领域的研究主要有以下文献。周剑（2010）构建了变权重组合模型，预测了辽宁省中长期能源供需量。索瑞霞（2010）通过离异系数法将灰色 GM（1，1）模型、BP 神经网络模型和三次指数平滑模型进行优化组合，预测了我国 2009—2015 年的能源消费量。赵国浩（2011）等采用灰色模型和多元回归模型构建了我国中长期煤炭需求变权组合模型。

（二）非线性组合模型

非线性组合是利用非线性模型对各单一模型的预测结果构造非线性函数，通过对非线性模型的训练来赋权得到最终预测结果。非线性组合预测主要包括加权调和平均组合预测、加权几何平均组合预测和神经网络组合预测等。目前，能源需求非线性组合预测领域中，组合模型以神经网络模型、支持向量机模型较为盛行。Pao（2006）探讨了多个单一模型和组合模型，结果表明SEGARCH-ANN和WARCH-ANN两个非线性组合预测模型在解决中国台湾的电力需求量和石油需求量的问题时，预测精度显著提高。其中，WARCH-ANN效果优于其他模型。Kankal（2011）等考察了土耳其4类经济指标，构建了不同的组合模型，研究发现，以社会经济指标和人口指标确定神经网络非线性组合模型的能源需求预测效果最好。周扬（2010）用BP神经网络模型对动态等维灰数递补GM（1，1）模型、GM（1，1）模型、无偏GM模型、基于滑动平均法改进的GM（1，1）模型进行非线性集成，对江苏省未来15年煤炭和石油的需求量进行预测，并取得较好的效果。肖先勇（2008）基于多项式核函数的最小二乘支持向量机模型构建我国中长期电力负荷组合预测模型，预测结果的平均误差仅为1.719%，具有良好的可行性和有效性。李霄（2015）为了提高风电负荷预测精度、保证风电场资源得到有效利用，提出了基于改进最小二乘支持向量机和预测误差校正相结合的方法，仿真结果验证了该方法用于风电负荷预测是有效可行的。Shao等（2015）针对我国电力负荷趋势的特点，采用EEMD法将其分解成不同的子序列，利用支持向量机、神经网络等模型对各子序列加以集成。通过苏州和广州两个城市的实证分析，发现该预测框架适用于解决较长期的电力负荷波动趋势。黄欣（2021）针对目前能源需求预测考虑影响因素单一、忽视宏观政策影响因素、预测精度不足等问题，提出了一种融合灰色关联度分析和BP神经网络的能源需求组合预测方法；将筛选出的初始指标作为BP神经网络的输入，利用神经网络预测能源需求，并进行实例仿真分析能源需求组合预测的预测结果。实例结果表明，这一能源需求组合预测方法着重考虑了宏观政策影响，且有效地提高了预测精度，具有实用性和可靠性。董影（2023）对辽宁省能源需求预测问题，采用支持向量机和灰色预测模型的预测结果进行加权组合，预测结果的平均误差仅为3.17%。虞亚平（2017）提出了基于BP神经网络的非线性组合预测模型，BP神经网络是非线性映射模型，权重可以在网络训练中确定，避免了计算权重困难的问题；采用混沌遗传算法对神经网络性能进行优化，混沌遗传算法具有收敛速度快、全局搜索能力强、适合参数优化等特点，通过混沌遗传算法优化神经网络，能大幅提升网络性能，从而提高预测精度，并利用组合模型对京津冀能源需求进行预测，2015—2020年京津冀能源需求总量分别为4.48亿吨标准煤、4.62亿吨标准煤、4.75亿吨标准煤、4.90亿吨标准煤、5.04亿吨标准煤、5.17亿吨标准煤（虞亚平，2017）。

（三）评述

综观国内外能源需求组合预测领域的文献可以发现，这类研究基本上是沿着两条主线展开的：一是组合预测效果的检验；二是组合模型赋权方式的改进。前者致力于从实证分析的角度来检验组合模型的预测效果要优于单一模型，后者则致力于从模型理论的角度来推动组合模型的发展。

1. 组合模型优于单一模型

预测模型的构建者都希望可以从系统中得到尽量多的信息，越多的信息被纳入预测模型，预测效果就越好。组合模型较单一模型而言，优势有显著提高，表现为以下三方面：第一，模型优势互补。组合预测不是各个单一模型简单地堆砌，而是对优势互补的模型进行合理组合，即用一个模型的优势或特点去弥补另一个模型的缺陷，从而达到优化模型的目的。第二，提升预测精度。目前可用的单一模型较多，但针对具体问题及其不同的数据特征时，很难筛选出最合适的单一模型，然而组合模型则可以将几个单一模型组合在一起，从而实现优势互补，改善预测效果。第三，可信度提高。通过对单一模型的组合，可以涵盖更多事物的特征，有效地挖掘更多的信息，更全面、系统地反映事物的本质，并体现事物的实际情况，从而提高预测模型可信度。

2. 非线性组合模型优于线性组合模型

大量文献证明，较非线性组合模型而言，线性组合模型解决非线性问题的局限性较大，预测效果也不佳。产生这种现象的原因在于线性组合和非线性组合的方式有本质的差异，具体如下：

从理论基础和模型特征来看，采用线性组合模型，对组合预测结果的影响既依赖于单一模型的预测值，更依赖于其相应的权重值。线性组合模型更多地注重权重分配问题，而权重通常是采用数学规划模型计算得到，求解过程相对复杂，因此，很难找出权重系数的确定方式，尤其是最佳的确定方式。以 ANN、SVM 为代表的非线性组合模型则根据单个样本误差和总体误差的要求，通过网络对数据特征的训练和学习，由网络自行确定权重，无须建立模型结构和设定参数估计，从而改善了线性组合模型中权重系数不易确定的状况。

从个体样本失误对组合模型整体效果的影响来看，线性组合模型中，如果个别样本的误差较大，那么，该样本会通过其权重直接影响组合模型的预测效果。以 ANN、SVM 为代表的非线性组合模型中，由于网络中权重的非线性确定方式，个别样本的误差则不会直接影响组合模型的预测效果。尤其针对神经网络或支持向量机等组合模型因具有无后效性的特点，在遇到指标间相关度较高、个别样本误差较大、数据呈非线性变化等难以处理的情况时，不会对中间层产生累积不良影响，因此，对最终的预测结果也会产生缓冲的作用。

从目标函数的最优解来看，线性组合模型只有在总体误差平方和最小的约束条件下，才能得到唯一且最优的解。而以 ANN、SVM 为代表的非线性组合模型中，除满足并保证总体误差最小的要求之外，还要满足单个样本误差也最小。也就是说，非线性组合模型在满足总体误差最小的情况下，其目标最优解可以不唯一，因此，可以根据不同的预测要求来选择不同的最优解（张青，2001）。

总体来说，在能源需求预测领域，我国目前关于组合预测模型的研究主要还集中于最优权重的确定和改进上。已有大量的实证研究结果显示，在解决非线性问题时，相对线性组合模型而言，非线性组合模型的适用性更强，预测效果更好。

第二节　影响能源需求的不规则事件

在面对预测问题时，学者们通过不断改进的能源需求预测模型来刻画一些可量化、确定的主要影响因素，如经济增长、人口总量、产业结构、能源消费结构等，最大限度地改善了预测效果。然而一些重要的事件，尤其是突发的不规则事件，会使能源需求序列产生突变点，也是能源需求的影响因素之一。但由于这些事件具有不确定性，无法被传统的数学模型所捕捉和刻画，因此，笔者放弃了对不规则事件的捕捉和预测。

随着计算机技术的日趋完善以及人工智能模型的不断成熟，人们开始尝试利用专家预测系统来考虑这些不确定性因素的影响，从而得出一个预测值。Dennis L. Meadows 于 1970 年借助专家预测系统来模拟和研究能源发展问题，虽然结论并不可靠，但是第一次对能源方面的相关问题进行了系统化分析。随后，专家预测系统在能源需求预测领域中的研究主要应用于电力负荷预测方面（夏道止，2001）。Lambert（1992）早期开发了一个关于电力负荷预测的专家预测系统，该系统包含了 3 个知识库，分别收集了负荷历史数据等可量化的信息以及天气状况、领域专家经验等不可量化的信息。相应地，推理机也设置了 3 个评估方法。通过推理机的推导，最终得到电力负荷的预测结果。Ho（1990）也在预测短期电力负荷时纳入了天气等不确定因素，并采用模糊集理论来进行处理，从而构建出模糊专家预测系统。该系统将确定性因素和不确定性因素通过推理机的推导，对未来几小时内的电力负荷进行预测。Ghanbari（2013）针对能源需求预测问题，采用 ACO 和 GA 相互协调合作的方法对已有专家预测系统加以改进。改进过程分为两步，先用 GA 算法来产生并扩充数据库，再通过 ACO 算法学习并训练语言模糊规则，从而通过算法之间的协调来加强数据库与规则库之间的合作程度。实证分析以伊朗的电力、天然气和石油产品的需求预测为例，结果显示，COR-ACO-GA的专家预测系统取得了较好的预测效果。

在复杂系统建模中，针对国际油价与外汇汇率预测问题，以汪寿阳（2004）研究员为领导的学术研究小组提出了 TEI@ I 方法论。该方法论的具体做法是将复杂趋势的序列先分解成线性主要趋势、非线性残差趋势和突现性三个部分，再分别通过经济计量模型、人工智能技术和专家预测系统来进行刻画。其中，由不规则事件引起的突现性部分，是通过专家预测系统中对价格和突发事件之间关系的不确定性推理来预测价格的波动情况。最后，将这三个部分的预测结果进行非线性集成（余乐安，2006）。

通过文献梳理可以发现，针对不确定性因素的刻画，专家预测系统主要应用在电力负荷预测、外汇汇率和国际石油价格领域中。其中，在电力负荷领域的应用中，主要是将天气等不确定性因素和其他确定性因素同时作为专家预测系统进行不确定性推理的对象，完善了电力负荷的影响因素，融入了专家的知识和经验，使预测过程更加贴近实际情况，这为电力负荷预测领域开辟了一条新的思路。但是，专家预测系统也存在一些弊端。由于确定性的因素也需要结合专家的知识和经验通过推理方法进行估计、预测，因此，采用专家预测系统预测电力负荷更加主观，所以放弃了传统数学模型对确定性因素刻画的客观性、精确性。然而，汪寿阳提出的 TEI@ I 方法论通过专家预测系统考虑了不规则事件对复杂趋势的影响，并且兼顾了经济计量模型、人工智能技术等数学模型对确定性因素刻画的准确性，最大限度地捕捉了复杂序列的多种趋势，有效提高了石油价格和外汇汇率的预测精度。

第三节　现有研究存在的不足

综上所述，能源需求预测模型经过几十年的发展，理论日趋成熟，方法也取得了很大的进展，大致分为以下两类。第一类是以预测模型本身为核心。考虑在确定性因素的影响下，对预测模型及其组合方式进行不断改进，从线性组合模型发展到非线性组合模型，已取得了较好的预测效果。第二类是以不规则事件为核心。由于不规则事件的不确定性，传统数学模型无法刻画不规则事件对能源需求的影响程度，因此，专家预测系统被用于对其捕捉并预测。在实际应用过程中，以上研究仍有一些不足，总结为以下几个方面：

（1）从预测模型对能源需求预测效果的影响来说，在组合模型中，并不是参与组合预测的单一模型越多，组合预测的精度就越高，由于冗余信息的存在，有些单一模型的加入并不能改善预测效果。因此，可以从剔除冗余性的角度，对能源需求组合预测中单一模型的遴选问题进行研究。

（2）从不确定性影响因素对能源需求的影响来说，不规则事件是引起能源需求短期波动的重要信息变量，但由于其不可量化和不确定性的特征，无法被传统数学模型所捕捉，这使得现有能源需求预测模型的预测精度仍有进一步提高的空间。

因此，针对以上两方面的不足，从信息源的角度出发，提出将“基于多源信息融合的我国能源需求预测研究”作为研究对象，针对能源需求预测中不同融合信息的特征，提供不同的融合方法，并进一步改善预测效果。

第四节 小 结

本章针对我国能源需求预测问题，以能源需求预测模型和影响能源需求的不规则事件两条线索对能源需求预测模型进行综述。

（1）通过文献综述发现，在能源需求预测领域，组合模型比单一模型预测效果好，非线性组合模型比线性组合模型预测效果好，而专家预测系统可以克服传统数学模型无法考虑不确定因素的局限性。

（2）现有研究仍有以下三方面不足。第一，现有能源需求组合预测模型中，未对参与组合预测的单一模型进行遴选，未剔除单一模型间的冗余信息。第二，不规则事件是引起能源需求短期波动的重要信息变量，但由于其不可量化和不确定性的特征，无法被传统数学模型所捕捉。第三，现有能源需求预测模型放弃了对不规则事件的捕捉，并将前两方面不足作为下一步工作的改进方向。

第二章 基于多源信息融合的我国能源需求预测总体框架

本章从我国能源需求序列趋势的特征出发，对能源需求预测中存在的问题进行总结。从信息源的角度，提出将信息源分为同源信息和异源信息，并给出了同源模型信息组合中单一模型的遴选原则。在此基础上，采用专家预测系统并考虑异源信息，即不规则事件发生对能源需求的影响，由此提出基于多源信息融合的我国能源需求预测总体框架，并给出了本书所采用的预测性能评价指标。

第一节 能源需求趋势特点及其预测存在的问题

一、能源需求趋势特点

一直以来，我国主要依靠资源投入的粗放型经济增长方式，带动了能源消费的整体上升。2000 年我国能源消费量为 146964 万吨标准煤，2022 年能源消费量高达 541000 万吨标准煤，较 2000 年增长了近 3 倍，年均增长率为 2.68%。其中，2002—2007 年年均增速有所加快，年均增长率高达 11.96%。但是，受 2008 年美国次贷危机的影响，全球能源消费增长速度又跌至 0.39%，自 2008 年起，年均增长率又以 6.87%的速度逐渐攀升。直到 2019 年 12 月暴发新冠疫情，2020 年的能源消费增长速度显著下降，增长速度下降至 2.22%。从图 2-1 中可以看出，我国能源需求整体呈上升趋势，但遇到战争、金融危机、疫情等不规则事件时，增长速度显著下降。可以说，我国能源需求的变动呈现长期规律性和短期波动性的混合特征。

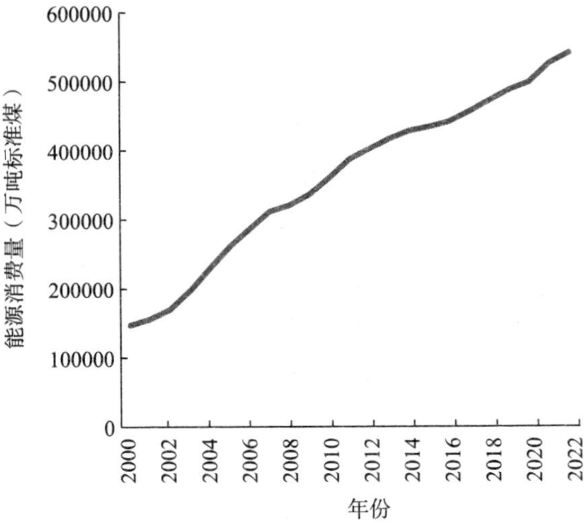

图 2-1　2000—2022 年我国能源消费趋势

（一）长期规律性

我国能源需求整体呈现相对稳定的非线性上升的规律，这种能源需求增加的稳定性规律，是在各种长期确定性因素相互交织的作用下形成的，并且与这些因素的变化规律存在一定的依存关系。能源需求的增加与经济发展相一致，与人口的数量也具有明显的相关性。

（二）短期波动性

能源需求除受到长期确定性因素的交织影响外，还受到不规则事件的短期剧烈冲击（如金融危机、政策变化等）。不规则事件不仅与长期确定性因素相互独立，还具有不确定性。许多外生因素，诸如金融危机、自然灾害、政策变化、新冠疫情等，其变化毫无规律性，这使得能源需求在稳定的变化规律中又呈现短期波动的随机性。比如，1997 年后能源需求的增长速度突然降低，几乎处于停滞状态，但随后又呈现快速报复性增长的趋势。

二、能源需求预测存在的问题

由于能源需求序列混合非线性的特点，很难用一个或几个模型来刻画，因此，现有的能源需求预测结果有待从以下两方面加以改善。

从预测模型对能源需求的影响来说，不同的单一模型、组合模型或系统模型由于各自条件的差异性以及特有的不同属性，只能从某一个或几个不同侧面捕捉不同的预测信息，因此，能源需求预测结果往往比较片面，预测效果很难保证。

从不规则事件对能源需求的影响来说，不规则事件是引起能源需求短期波动的重要信息变量，但由于其不可量化和不确定性的特征，无法被传统数学模型所捕捉，这使得现有能源需求预测模型的预测精度仍有进一步提高的空间。

总之，无论是预测模型信息还是不规则事件，都可以被看作影响能源需求的信息源。有限的信息源使得现有能源需求预测模型不可能全面、真实、正确地反映能源需求趋势变动的本质，因此，本书从信息源的角度出发，提出基于多源信息融合的我国能源需求预测总体框架，以期进一步改善预测效果。

第二节　信息源的分类与选择

一、信息源的分类

针对我国能源需求预测问题，本书提出基于多源信息融合的我国能源需求预测总体框架，将预测模型（单一模型、组合模型）和不规则事件视为影响我国能源需求预测的信息源。根据这 3 类信息源的特征，以信息源的表示方式为依据，提出将这 3 种信息源分为同源信息和异源信息两种类型，并赋予其新的定义。

（一）同源信息

同源信息是模型预测信息，模型信息是指通过单一模型得到的预测值。从模型信息的定义可以看出，模型信息融合的本质就是单一模型的组合问题。在模型组合中，单一模型是根据不同的假设条件，采用不同建模机理所形成的。因此，组合模型往往提供了能源需求预测中所蕴含的一致性的多余信息，即信息冗余性。冗余性会降低预测精度。互补信息是指多种相互独立的能源需求的外部信息，这些信息可能是影响因素选择的差异，也可能是模型选择的差异等。通过融合独立的外部信息，可以捕获能源需求变动趋势各个不同的侧面，因此，可以融合这些不同的外部信息来形成对能源需求变动趋势的完整认识，这样的信息因此被称为互补信息。① 融合互补信息可以改善单一信息预测模型的稳定性，并提高能源需求预测结果的完整性和准确性，从而显著改善预测效果。

（二）异源信息

异源信息是指对能源需求产生短期波动性影响的不规则事件。从信息表达方式的角度来说，不规则事件均以文本形式呈现，与能源需求实际历史数据、模型信息类型不同。从信息利用的角度来说，由于文本信息没有可依赖的具体数据，难以被量化，因此，不规则事件无法被传统的数学模型所捕捉，不具有直接融合的特性。基于以上两个角度可以发现，不规则事件与同源信息不属于同一类型的信息，因此又常被称为异源信息。

异源信息往往具有不确定性。不确定性是指针对同一种现象，却形成了不止一种的认识。异源信息的不确定性特征主要体现在以下两方面：

一方面，不规则事件的发生具有一定的不确定性。根据社会的发展和国际形势的变化，人们无法预先确定会发生哪些不规则事件，因此，不规则事件可视为随机性事件，可以用［0，1］区间上的数字来表示发生的可能性

---

① 韩崇昭，朱洪艳，段战胜，等．多源信息融合［M］．北京：清华大学出版社，2006.

大小。

另一方面，不规则事件影响程度具有一定的不确定性。随着我国经济的快速发展，社会发展经历了三次转型。由于每个阶段都有不同的情境特征，因此，不同阶段对类似不规则事件的反应程度也各不相同。但是，通过对不规则事件的梳理、分析、总结可以发现，类似不规则事件的发生总是有相同的征兆信息，其影响模式和影响程度也有相似之处。① 比如，当经济比较稳定时，能源需求变动趋势可能相对稳定，对某些不规则事件则不太敏感，因此，需要依据专家资深的专业知识和经验性知识来综合分析。

二、信息源的选择

从同源信息和异源信息的定义可以看出，不同类型的信息源，其特征不尽相同。针对不同特征的信息源，应采用不同的融合模型。而同一类信息源进行融合时，由于融合模型相同，融合效果直接取决于信息源的选择，其中，异源信息的选择原则是根据实际情况的不断变化来选择不规则事件。

在构建多源信息融合预测模型之前，要进行单一模型的初选。初选时，应基于以下六个条件。

（一）预测的时间范围

预测的时间范围是单一模型的首选准则。预测的时间范围按时间期限的长短可划分为短期（1~5 年）、中期（6~10 年）、长期（11 年以上）。不同的预测模型基于不同的理论基础，适用的时间范围也不尽相同。一般来说，指数平滑模型和 ARMA 模型通常适合短期预测，不太适合中长期预测。随着时间范围的扩大，趋势外推模型、灰色模型、神经网络模型、支持向量机模型等对于中长期的预测更为适用。

（二）精度要求

预测精度，又叫预测结果的准确度，是判断单一模型预测有效性的依据。

---

① 季托．国际石油价格波动行为机理及预测模型研究［D］．大庆：东北石油大学，2011.

通常情况下，要求预测误差，如平均相对预测误差绝对值（即 MAPE）要小于 5%，否则将该模型的预测视为无效。因此，需要根据不同的时间范围和预测目标的特征来选择预测效果较好的模型。

从时间范围来说，适用于短期预测的时间序列模型如 ARMA 模型，其预测精度相对较高。而进行中长期预测时，由于预测中的影响因素不确定性较大，根据精度要求，往往选择回归模型、趋势外推模型、灰色预测模型、神经网络模型等。

从预测目标的特征来说，要观察预测目标历史数据的变化趋势，呈现线性特征的序列，采用线性模型的预测精度会比较高，如线性回归模型、ARMA 模型等；若呈现多项式曲线增长型特征，则选择二次曲线模型、灰色预测模型等预测效果较好；若呈现不规则波动的非线性变动趋势，为了达到更高的精度要求，则应选择神经网络模型、支持向量机模型等。

（三）影响因素的要求

在预测时，若要反映出影响因素对能源需求序列的作用方式或影响效应，则应选择多因素模型。多因素模型可以更明确地刻画出影响因素与能源需求量的函数关系，如多元回归模型、VAR 模型、协整与误差修正模型、灰色预测模型、神经网络模型等。如果不考虑影响因素的作用方式或影响效应，则可以采用时间序列模型来找出预测目标的内在统计特性和发展规律性，从而在挖掘序列本身的基础上进行预测。也正是由于时间序列模型紧紧围绕序列本身的特征出发，其往往比多因素模型呈现出更高的预测精度。

（四）简便的要求

对于任意两个或多个模型，如果其均能清楚地解释研究对象，适用的时间范围一致，并且预测精度相同，则基于简单、方便的原则，选择结构相对简单和经济变量较少的模型进行预测。

（五）近期数据的要求

由于我国处于快速转型期，工业化已经基本完成，现在正在步入后工业化时代，我国能源需求量的变化随着经济规模的扩张而迅速增加，但增长趋势明显放缓。因此，在选择能源需求量实际值时，尽量避免基于久远数据所构建的模型，需要选择基于近期历史资料所构建的预测模型，这类模型的预测结果可以更加合理地说明能源需求近期变化的真实状况，更具有借鉴利用的意义。

（六）模型差异的要求

能源需求预测是预测者与能源系统之间连续不断的交流过程。在这个过程中，预测者从能源系统内部获取影响能源需求变化的相关信息，并不断根据能源系统所呈现的客观实际进行调整及更新，从而准确掌握能源需求变化的客观规律。在这个不断调整的过程中，基于不同的建模条件和机理，不同的模型必然会对能源需求的预测产生不同的结果。比如，对能源需求影响因素的分析程度不同，对能源需求与社会经济系统之间客观规律的认识也不尽相同，等等。因此，在预测能源需求时，对模型的选择就会有差异，因而大量的能源需求预测模型被构建。也就是说，不同的预测结果往往蕴含了各个模型的不同特性信息。因此，为了掌握更多的能源需求信息，在同源信息融合模型中，要尽可能多地选择不同种类且不重复的模型，兼顾各种线性模型和非线性模型。

第三节　多源信息融合预测的总体框架

一、同源信息融合框架

由同源信息的定义可知，同源信息融合的本质就是单一模型的组合问题。然而，在构建组合模型中，一个预测模型可能包括或包容了其他预测模型的有关信息。也就是说，单一模型间可能存在一定的相关性，从而使组合预测存在冗余信息，这种冗余信息不仅导致组合模型的有效性降低，也是预测精度进一步提高的“瓶颈”。因此，在构建模型信息的融合框架时，本书引入了包容性检验的方法，以此解决融合预测中单一模型的遴选问题。

包容性检验的理论基础，是假设一个已知的数据产生过程，通过对数据产生过程的知识推导来推断出这个模型的性质，而不用对数据的回归分析来识别具有不同特征、不同误差设置的模型的性质。然而，在实际中，数据产生过程通常是未知的，如果数据产生过程近似于一个实证模型的应用，便可以通过它推导出其他模型的性质，使该包容模型不断得以凝练，这一特性是包容理论的本质。① 从本质中可以看出，包容性检验在遴选单一模型时，可以直接对相竞单一模型的精度差异来源进行判别，识别出该差异是源于样本的变异性，或是在构建模型时信息不同等，② 从而帮助融合模型遴选出较为独立的单一模型。

包容性检验是逐步累进地通过相竞单一模型的线性回归模型对数据近似分析。然而，Kyrtsou（2006）指出，只有在数据特征非线性程度较弱的情况下，运用线性模型对该数据产生过程的近似描述才有效。否则，当非线性程度较高时，通过线性模型的近似描述往往不准确，甚至会导致错误的分析结果。因此，针对能源需求数据的非线性特征，应采用非线性融合模型来组合遴选出相互独立的单一模型。

在遴选出相互独立的单一模型的基础上，对这些单一模型构建模型信息的融合框架，具体思路如下。

令 S_i 代表单一模型时，单一模型 S_{it} 与能源需求历史数据之间呈现不确定的非线性函数的关系，因此，应选用非线性模型来训练非线性特性的样本集。如果采用传统的回归模型来拟合，通常的做法是在线性方程后面加高阶项。这种做法虽然可以较好地拟合训练样本数据，但由此增加的可调参数加大了

---

① 韩崇昭，朱洪艳，段战胜，等．多源信息融合［M］．北京：清华大学出版社，2006.

② Hendry D F. Recent Developments in the Theory of Encompassing［M］. Curham：Duke University Press，1988.

过拟合的风险。而SVM模型则采用核函数解决了这一矛盾。回归问题可以通过非线性变换转换到高维的特征空间，并在高维的特征空间中构造线性决策函数，以期解决原空间中的非线性决策函数，从而增加的可调参数可以控制过拟合风险。因此，采用SVM模型来刻画$\hat{S}_t$与$\hat{S}_{1t}$，$\hat{S}_{2t}$，…，$\hat{S}_{nt}$的函数关系，融合函数的构造过程和具体表示形式如下。

首先，寻找一个核函数K，使得$K(S_i, S_j) = <\Phi(S_i), \Phi(S_j)>$。

其次，求解优化问题，即α_i，α_i^*。

$$b = \begin{cases} \min\left\{ -\dfrac{1}{2}\sum_{i,j=1}^{l}(\alpha_i - \alpha_i^*)(\alpha_j - \alpha_j^*)K(S_i, S_j) + \sum_{i=1}^{l}(\alpha_i - \alpha_i^*)y_i - \right. \\ \qquad \left. \sum_{i=1}^{l}(\alpha_i + \alpha_i^*)\varepsilon \right\} \\ \text{s. t. } \sum_{i=1}^{l}(\alpha_i - \alpha_i^*) = 0 \end{cases} \tag{2.1}$$

再次，求解b值。

$$b = \begin{cases} y_j + \varepsilon - \sum_{i,j=1}^{l}(\alpha_i - \alpha_i^*)K(S_j, S_i) \\ y_j - \varepsilon - \sum_{i,j=1}^{l}(\alpha_i - \alpha_i^*)K(S_j, S_i) \end{cases} \tag{2.2}$$

最后，便可写出$\hat{S}_t$与$\hat{S}_1$，$\hat{S}_2$，…，$\hat{S}_n$的融合函数$F(\cdot)$，如式（2. 2）所示。

$$F(S) = \sum_{i=1}^{l}(\alpha_i - \alpha_i^*)K(S_j, S_i) + b,\ \alpha_i \in R^n,\ b \in R \tag{2. 3}$$

其中，Φ函数表示从观测空间到特征空间的非线性映射，$<\cdot>$表示内积核函数。本质上，就是通过SVM模型来求解同源信息融合函数中各单一模型的参数。

基于同源信息融合的预测思路如图2-2所示。

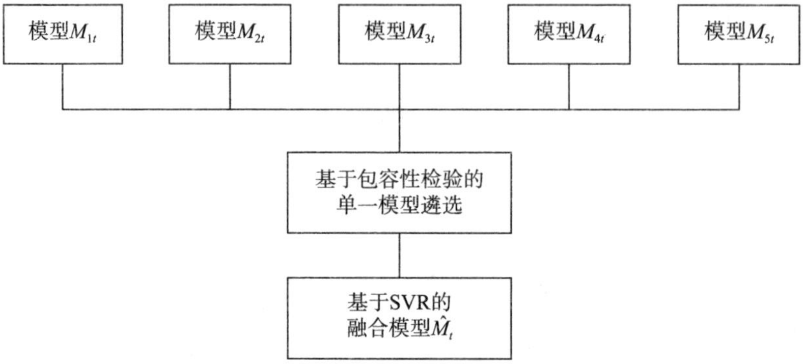

图 2-2　同源信息融合的预测思路

二、异源信息预测框架

从异源信息的定义中可以看出，本书的异源信息特指对能源需求产生短期波动性影响的不规则事件。这类不规则事件具有难以被量化、不确定性的特征，无法被传统的数学模型所捕捉，因此，采用专家预测系统方法，通过专家的原理性知识和经验性知识来预测异源信息对能源需求的影响程度。异源信息的预测思路如图 2-3 所示。

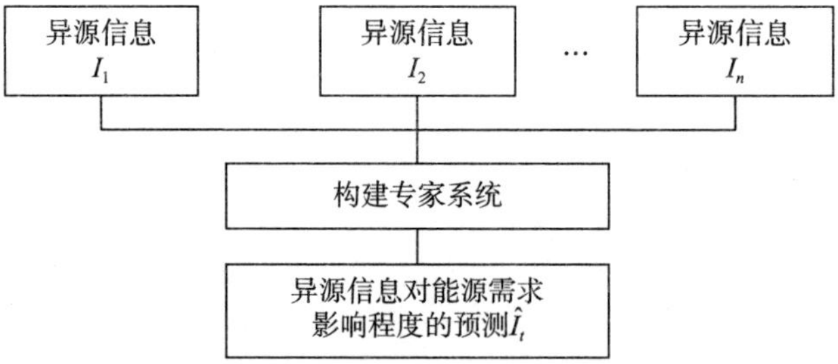

图 2-3　异源信息的预测思路

三、总体框架

针对我国能源需求变动趋势的特点，结合能源需求预测中存在的问题，从信息源的角度出发，提出基于多源信息融合的我国能源需求预测总体框架。假设我国能源需求预测结果受同源模型预测信息的影响，如果发生异源信息，则应在同源信息融合预测结果的基础上，考虑异源信息对能源需求预测的影响，从而得到基于多源信息融合的能源需求预测结果。如果不发生异源信息，则将同源模型信息融合的预测结果作为最终的多源信息融合结果。也就是说，将异源信息作为同源信息融合结果的判断性调整，那么，则有式（2.4）。

$$\hat{Y}_t = \hat{M}_t(M_{1t},\ M_{2t},\ \cdots,\ M_{nt}) + \hat{I}_t \tag{2.4}$$

式（2.4）中，t 表示年份；$\hat{M}_t$ 表示基于模型信息融合的我国能源需求预测值，M_{1t}，M_{2t}，…，M_{nt} 分别表示 n 个不同的预测模型，通过对各单一模型构造融合函数来实现。$\hat{I}_t$ 表示异源信息对能源需求的影响程度（或影响大小），通过构建专家预测系统来实现。$\hat{Y}_t$ 表示基于多源信息融合的我国能源需求预测值。式（2.4）的含义就是用异源信息对能源需求的影响程度 $\hat{I}_t$，作为同源模型信息融合预测值 $\hat{M}_t$ 的调整，最终形成基于多源信息融合的我国能源需求预测值 $\hat{Y}_t$。基于多源信息融合的我国能源需求预测总体框架如图 2-4 所示。

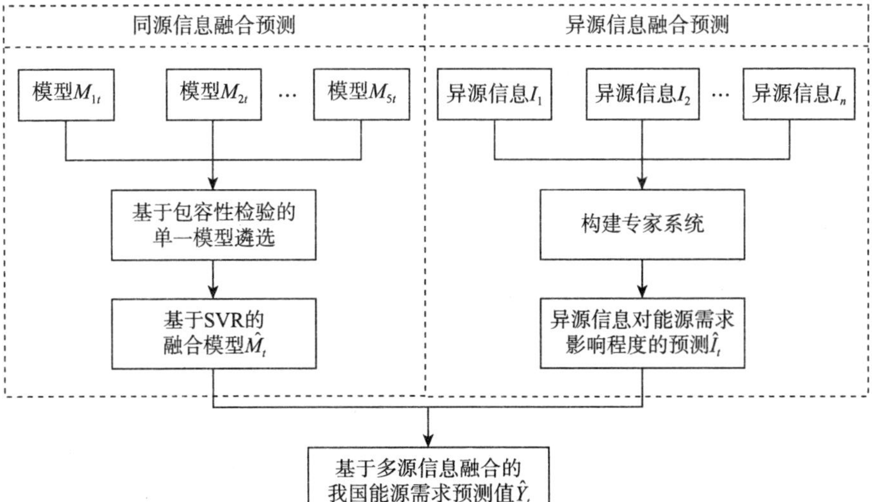

图 2-4　基于多源信息融合的我国能源需求预测总体框架

第四节　预测性能评价指标

预测性能评价指标是判断预测模型好坏、预测误差大小的评估标准。由于预测是对未来的事情进行预先估算和预期，具有未知性，所以，预测结果和客观实际之间常常存在误差。研究误差对于检验、改进和选用适当的预测模型具有重要的参考价值，因此，预测误差成为已有研究中衡量模型预测性能的主要指标。此外，预测模型条件的差异性以及特有的不同属性，不仅使预测精度有所不同，模型稳定性也不尽相同。预测模型稳定性越差，其发生错误的概率就越大。所以，对于预测精度高的模型，如果稳定性不好，其预测结果的可借鉴价值就会大打折扣。因此，本书从模型预测精度和模型稳定性两方面来设立评价指标。

一、预测精度

平均绝对相对误差（Mean Absolute Percent Error，MAPE），是各项相对误差的绝对值的总和除以误差项数所得平均数的百分数，如式（2.5）所示。

$$MAPE = \left(\frac{1}{n}\sum_{t=1}^{n}\left|\frac{y_t - \hat{y}_t}{y_t}\right|\right) \times 100\% \qquad t = 1, 2, \cdots, n \tag{2.5}$$

式（2.5）中，y_t为实际值，$\hat{y}_t$表示不同年份的预测值。平均绝对相对误差是预测精度高低的重要指标。

二、模型稳定性

方差是用来描述随机变量对于数学期望的偏离程度，如式（2.6）所示。

$$S^2 = \sum_{i=1}^{n}(\hat{y}_i - y_t)^2 \tag{2.6}$$

式（2.6）中，S^2表示方差，y_t为实际值，$\hat{y}_i$表示不同年份的预测值。该指标用来衡量数据的波动大小。方差越小，说明这组数据波动越小，模型越稳定；反之，方差越大，说明这组数据波动越大，模型越不稳定。因此，方差是衡量模型稳定性的重要指标。

第五节　小　结

本章针对我国能源需求预测问题，主要工作及结论如下：

（1）从我国能源需求序列趋势的特征出发，总结了能源需求预测中存在的问题，提出有限的信息源使得现有能源需求预测模型不可能全面、真实、正确地反映能源需求趋势变动的本质。

（2）从信息源的角度，将信息分为同源信息和异源信息两类，并提出了信息源的选择原则。其中，同源信息指模型信息，异源信息特指不规则事件。

（3）基于多源信息融合的视角，构建了能源需求预测模型的总体框架。针对同源模型信息融合问题，提出 SVM 模型作为融合预测技术；针对异源信息预测问题，建立专家预测系统，并将预测结果作为同源信息融合模型的调整，从而形成基于多源信息融合的我国能源需求预测值。

（4）选用平均绝对相对误差（$MAPE$）和方差（S^2）作为本书的预测性能评价指标。

第三章　基于同源信息融合的我国能源需求预测

本章针对基于同源信息融合的我国能源需求预测问题，引入了包容性检验方法，提出了同源信息融合预测中单一模型的遴选原则。在此基础上，采用 SVM 模型对遴选出的单一模型进行融合，并分别在基准、低碳和低碳受挫 3 种情景下对 2023—2030 年的我国能源需求量进行预测。

第一节　我国能源需求影响因素分析

一、定性分析

能源需求的变化趋势是在长期、内在因素的交织影响下形成的。在文献综述部分，本书梳理出我国能源需求的 6 个主要影响因素，即经济增长、总人口、产业结构、能源消费结构、科技进步、能源价格。

（一）经济增长

GDP 是衡量经济增长的重要指标，GDP 与我国能源需求的变动趋势一致，均呈增长态势。图 3-1 显示了 2000—2022 年我国能源消费量与 GDP 增长的趋势。

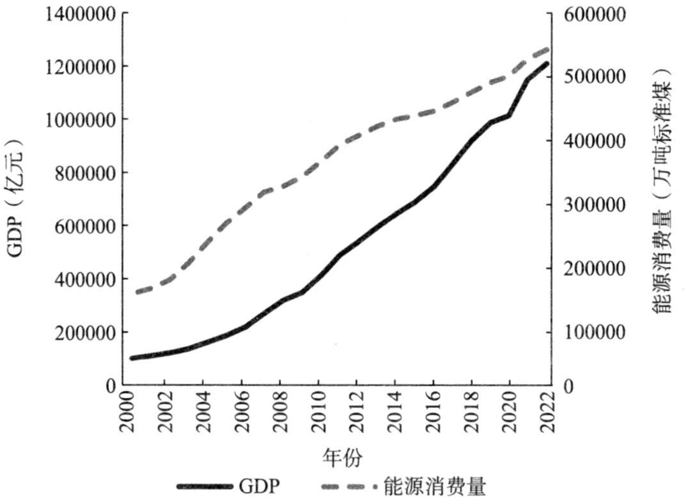

图 3-1　2000—2022 年我国能源消费量与 GDP 增长趋势

从图 3-1 中可以看出，2003 年受伊拉克战争的影响，我国经济以 8.5% 的速度持续增长，但全国大部分地区出现电力、煤炭、石油等能源资源供应紧张。2008 年发生美国次贷危机使得世界主要国家的经济开始出现衰退，我国经济增长速度放缓，能源需求也随之减少。2019 年新冠疫情的发生，导致社会总需求短期受到抑制，产业链终端面对消费者的企业受到冲击最大，比如旅游、餐饮、交通运输等行业，因疫情导致群体性需求收缩，GDP 增长速度显著放缓，为 2.3%。2020 年能源消费总量为 49.8 亿吨标准煤，比 2019 年增长 2.2%，增长速度有所放缓。其中，煤炭消费量占能源消费总量的 56.8%，比 2019 年下降 0.9 个百分点；重点耗能工业企业单位电石综合能耗同比下降 2.1%。在其他年份，能源消费量和 GDP 的变动趋势基本保持一致。在我国，GDP 增长主要靠投资、消费和出口三方面来拉动，而这三方面均伴随着强劲的能源需求。从投资方面来说，房地产、基础设施建设等固定资产投资是高强度能源消费的主力军。从消费方面来说，随着收入的增加和人民生活水平的提高，汽车、家用电器等能耗产品也在增加，从而产生更多的能源需求。从出口方面来说，我国是为世界市场大规模提供工业品的生产制造基地，因而必然需要消耗更多的能源。所以，经济增长是能源需求的主要影响因素之一（韩智勇，2005）。

（二）总人口

人口是社会系统中最基本的因素，人口数量的多少直接影响能源需求量的大小（王桂新，2005）。2000—2022 年人口数量与能源消费量的变动趋势如图 3-2 所示。

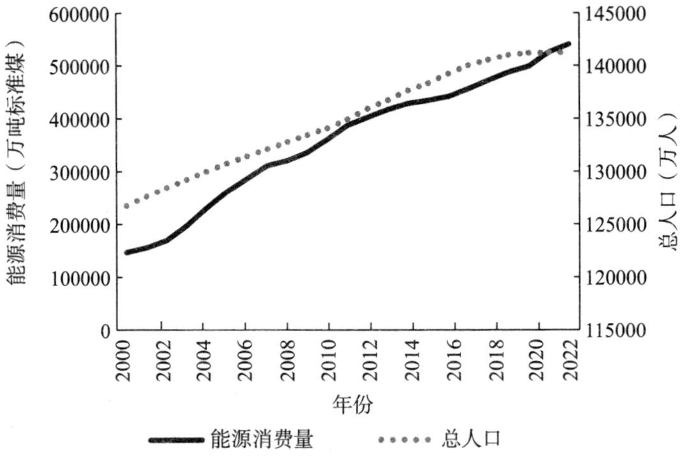

图 3-2　2000—2022 年我国能源消费量与总人口趋势

从图 3-2 中可以看出，能源消费量和总人口的变动均呈上升趋势。人口增长对能源消费有直接和间接两方面的影响。一方面，由于能源是人类赖以生存的物质基础，人口增长会直接拉动生活能源消费量的增长；另一方面，能源是从事生产的物质保障，人口增长会通过生产活动来拉动经济增长，从而间接促进能源消费增长。从图 3-2 中还可以看出，能源消费的增长速度呈递增态势，而总人口的增长速度却逐年递减，从增长速度的角度来说，二者并不一致。原因有两个：其一，在能源需求所有的影响因素中，人口并不是绝对、刚性的因素；其二，能源需求由生产能源需求和生活能源需求两部分构成，人口规模的增长只对生活能源需求起到直接拉动的作用。因此，二者速度的变化趋势有所差异（薛黎明，2010）。总体来看，人口和能源需求逐年增加的变化趋势相一致。因此，将人口也列为能源消费的主要影响因素之一，用年末总人口数作为人口的衡量指标。

（三）产业结构

图 3-3 为 2000—2022 年我国能源消费量与产业结构趋势。

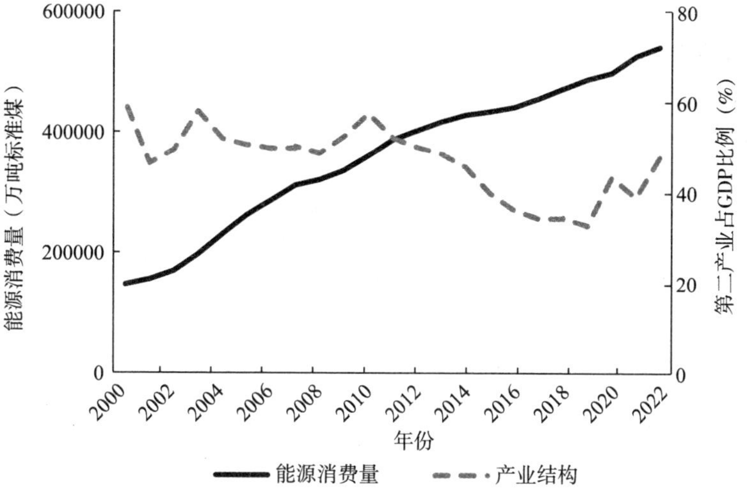

图 3-3　2000—2022 年我国能源消费量与产业结构趋势

产业结构是指产业之间的比例关系（柯善咨，2014），反映一个国家、地区乃至一个城市中最基本的经济结构关系（张庆，2011）。产业结构中第一、第二、第三产业均不同程度地消耗能源。其中，第二产业所占的比重最大，尤其是第二产业中的工业部门，吞噬着数量惊人的能源。国家能源局统计数据显示，1990 年工业部门能源消费占全国能源消费总量的 66.5%。近年来，我国处于由重工业向服务业发展转型阶段，工业部门的能源消费仍占据主要地位，占全国能源消费总量的 70%左右。研究表明，重工业产值每增加 1%，就会使同期能源消费总量增加 1.80%，并使下期能源消费增加 1.26%（张意翔，2008）。因此，本书将第二产业占 GDP 的比例作为产业结构的衡量指标。

（四）能源消费结构

能源消费结构，是指不同种类能源资源之间的比例关系（范德成，2012）。不同种类的能源呈现不同的物理状态和能源转化效率。因此，能源消费量也受能源消费结构的影响。进入21世纪后，我国城市才开始大规模应用天然气，而之前的城市天然气需求是以人工煤气、液化石油气等其他气源代替，所以，2000年以前的天然气需求数据并不能真实地反映这种需求。因此，在绘制能源消费结构图时采用2000年以后的数据，如图3-4所示。

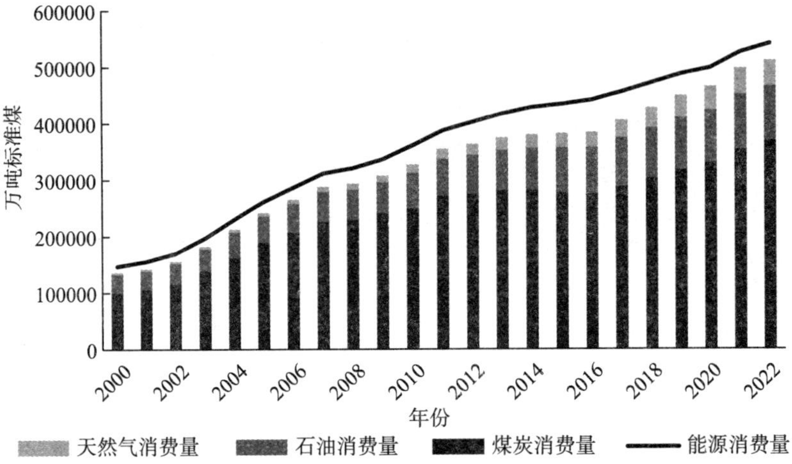

图3-4 能源消费结构

从图3-4中可以看出，我国能源消费以煤炭、石油、天然气等化石能源为主。国家能源统计局数据显示，2000年至今，我国煤炭消费平均比例维持在66%左右，而石油、天然气等优质能源平均却只占据20%左右，说明煤炭是我国主要的能源资源。因此，本书选取煤炭消费量占能源消费总量的比重作为能源消费结构的衡量指标。

（五）科技进步

科技进步对能源消费具有正反两方面的影响。一方面，它可以提高我国的能源使用效率，降低能源强度，开发替代性的新能源，改善能源消费结构，从而降低我国能源消费量。另一方面，科技水平的提高可以促进经济规模性的扩张，推动人们生活水平和生活质量的改善，进而对能源消费数量和质量提出更高要求，以至能源需求进一步扩增。总体来说，由科技进步引起的经济增长速度要大于能源强度的降低速度。尽管如此，解决能源消费问题仍然要依靠科技水平的提高，只有提高科技水平，才能不仅改进化石资源的勘探技术，不断发明新能源，而且进一步降低能源强度，从而节约能源（王勇，2002）。因此，本书选用能源强度（单位 GDP 能耗）来衡量科技进步，能源强度越大，表明技术水平越低。

（六）能源价格

根据西方经济学的需求理论，价格是影响商品需求最关键的因素，能源作为一种商品形式，自然也受到价格机制的调节。然而长期以来，由于政府还没有完全放开能源价格与市场准入，我国煤炭、石油、天然气等价格仍受政策的控制与调节。也就是说，能源价格没有完全市场化，无法充分反映出能源资源的不可再生成本和环境污染成本。另外，随着我国经济的快速发展以及工业化和城镇化进程的加快，在实现经济转型之前，我国的发展难免对能源呈现刚性需求，这也使得能源需求对价格的敏感度相对较弱。魏一鸣（2007）发现，我国能源价格缺乏弹性，我国能源需求对能源价格的短期弹性为-0.015，长期弹性为-0.122，这说明价格机制对我国能源需求的传导作用比较弱。因此，本书不将能源价格列为能源需求的主要影响因素。

二、定量分析

（一）数据来源

本书假定 y 为能源消费量；x_i（$i=1$，2，3，4，5）为自变量，分别代表 GDP、总人口、产业结构、能源消费结构和能源强度。由于统计数据时 GDP 采用的是名义值，为了使各年经济发展水平数据具有可比性，所有年份的名义 GDP 用 GDP 指数平减换算成以 1978 年为不变价的实际 GDP。6 个指标的数据如表 3-1 所示。

表 3-1　2000—2022 年各指标的时间序列数据

年份	能源消费量（y）（万 tce）	GDP（x_1）（亿元）	总人口（x_2）（万人）	产业结构（x_3）（%）	能源消费结构（x_4）（%）	能源强度（x_5）
2000	146964	100280.1	126743	59.6	68.5	1.47
2001	155547	110863.1	127627	46.4	68.0	1.40
2002	169577	121717.4	128453	49.4	68.5	1.39
2003	197083	137422.0	129227	57.9	70.2	1.43
2004	230281	161840.2	129988	51.8	70.2	1.42
2005	261369	187318.9	130756	50.5	72.4	1.40
2006	286467	219438.5	131448	49.7	72.4	1.31
2007	311442	270092.3	132129	50.1	72.5	1.15
2008	320611	319244.6	132802	48.6	71.5	1.00
2009	336126	348517.7	133450	52.3	71.6	0.96
2010	360648	412119.3	134091	57.4	69.2	0.88
2011	387043	487940.2	134916	52.0	70.2	0.79
2012	402138	538580.0	135922	50.0	68.5	0.75
2013	416913	592963.2	136726	48.5	67.4	0.70
2014	428334	643563.1	137646	45.6	65.8	0.67
2015	434113	688858.2	138326	39.7	63.8	0.63
2016	441492	746395.1	139232	36.0	62.2	0.59
2017	455827	832035.9	140011	34.2	60.6	0.55
2018	471925	919281.1	140541	34.4	59.0	0.51
2019	487488	986515.2	141008	32.6	57.7	0.49
2020	498314	1013567.0	141212	43.3	56.9	0.49
2021	525896	1149237.0	141260	38.9	55.9	0.46
2022	541000	1210207.2	141175	47.7	56.2	0.45

资料来源：《中国统计年鉴（2023）》。

（二）通径分析

为探究所选的这 5 个主要影响因素对能源需求的作用效果是否显著，本书采用通径分析的方法进行定量测度。通径分析①是简单相关分析的扩展，是在多元线性回归的基础上，通过将相关系数分解得到直接通径系数、间接通径系数及总通径系数，以此衡量某自变量对因变量的直接作用效果、间接作用效果以及综合作用效果。通径分析的基本模型如式（3.1）所示，各变量及公式如表 3-2 所示。

$$\begin{cases} p_{1y} + r_{12}p_{2y} + \cdots + r_{1k}p_{ky} = r_{1y} \\ r_{21}p_{1y} + p_{2y} + \cdots + r_{2k}p_{ky} = r_{2y} \\ \vdots \\ r_{k1}p_{1y} + r_{k2}p_{2y} + \cdots + p_{ky} = r_{ky} \end{cases} \tag{3.1}$$

表 3-2　通径分析运算中各变量及具体说明

符号	代表变量及公式	说明
r_{ij}	x_i和x_j之间的简单相关系数	表示某种因素x_i与其他因素x_j的相关性
p_{iy}	x_i对y的直接决定系数	x_i对y的直接通径，即各影响因素x_i对能源需求y的直接影响效应
p_{jy}	x_j对y的直接决定系数	x_j对y的直接通径，即各影响因素x_j对能源需求y的直接影响效应
$r_{ij} \times p_{iy}$	单变量间接通径效应	表示某种因素x_j通过其他因素x_i对能源需求y的间接影响效应
$\sum_{i \neq j} r_{ij}p_{jy}$	所有变量总间接通径效应	表示x_i通过其他变量对因变量的总间接影响效应
$R_i^{\ 2}$	$R_i^{\ 2} = p_{iy}^{\ 2}$	x_i对y的直接决定系数
$R_{ij}^{\ 2}$	$R_{ij}^{\ 2} = 2p_{iy} \times r_{ij} \times p_{jy}$	表示x_i通过x_j对因变量y的间接决定系数
$R_{(i)}^{\ 2}$	$R_{(i)}^{\ 2} = R_i^{\ 2} + \sum_{i \neq j} R_{ij}^2$	表示x_i对y的综合作用

① 续九如．林木数量遗传学［M］．北京：高等教育出版社，2006.

续表

符号	代表变量及公式	说明
r_{iy}	x_i和 y 之间的简单相关系数	r_{iy}可分解为 x_i对能源需求 y 的直接影响效应 p_{iy}和所有变量的总间接通径效应
R^2	$R^2 = \sum_{i=1}^{k} p_{iy} r_{iy}$	可决系数
p_{ay}	$p_{ay} = \sqrt{1 - \sum_{i=1}^{k} p_{iy} r_{iy}}$	计算遗漏变量和误差项对因变量 y 的通径系数，即剩余效应

通过 EViews5.0，可得到自变量的标准化回归系数，即能源需求各影响因素的直接通径以及表 3-3 各因素的相关系数。

$$p_{1y}=0.644,\ p_{2y}=0.792,\ p_{3y}=-0.014,\ p_{4y}=0.327,\ p_{5y}=0.169$$

表 3-3　各指标相关系数

指标	相关系数	指标	相关系数
r_{12}	0.968	r_{24}	-0.826
r_{13}	-0.713	r_{25}	-0.978
r_{14}	-0.917	r_{34}	0.733
r_{15}	-0.944	r_{35}	0.699
r_{23}	-0.752	r_{45}	0.788

根据表 3-2 中的公式，结合直接通径系数和相关系数，可得到各因素对能源需求影响作用的通径分析数据，如表 3-4 所示。

表 3-4　各因素对能源需求影响作用的通径分析表

y	r_{iy}	p_{jy}	$\sum_{i \neq j} r_{ij} p_{jy}$	通过 x_1 影响	通过 x_2 影响	通过 x_3 影响	通过 x_4 影响	通过 x_5 影响
x_1	0.9520	0.7670	0.1853	—	0.5856	-0.0242	-0.4044	0.0283
x_2	0.9870	0.6050	0.3820	0.7425	—	-0.0256	-0.3643	0.0293
x_3	-0.6650	0.0340	-0.6995	-0.5469	-0.4550	—	0.3233	-0.0210

续表

y	r_{iy}	p_{jy}	$\sum_{i \neq j} r_{ij}p_{jy}$	通过 x_1 影响	通过 x_2 影响	通过 x_3 影响	通过 x_4 影响	通过 x_5 影响
x_4	-0.7610	0.4410	-1.2018	-0.7033	-0.4997	0.0249	—	-0.0236
x_5	-0.9740	-0.0300	-0.9445	-0.7240	-0.5917	0.0238	0.3475	—

根据表 3-2 中的公式，结合表 3-4，可计算出可决系数 $R^2=0.998$，剩余效应 $p_{ay}=0.041$，也就是说，本书所选的 5 个影响因素（GDP、总人口、能源消费结构、产业结构和能源强度）对能源需求总量的解释能力达到了 99.8%，即这 5 个因素为能源需求的主要影响因素。

第二节　基于单一模型的我国能源需求预测

一、单一模型拟合过程

根据模型信息的 4 个初选原则，即预测的时间范围、精度、影响因素和简便的要求，初步选出以下 6 个单一模型来分别预测我国中长期的能源需求量，即指数曲线趋势外推模型、幂函数模型、多元线性回归模型、GM（1，1）模型、RBF 神经网络模型和 BP 神经网络模型。

（一）基于指数曲线趋势外推模型的我国能源需求预测

从能源需求时序图可知（见图 3-5），此时间序列具有上升趋势，但上升趋势有所减缓，可采用多项式曲线模型，找到序列中的这种趋势，用 Excel 进行拟合，可写出能源需求的多项式方程，如式（3.2）所示。

$$y=-382.84x^2+26945x+108050 \tag{3.2}$$

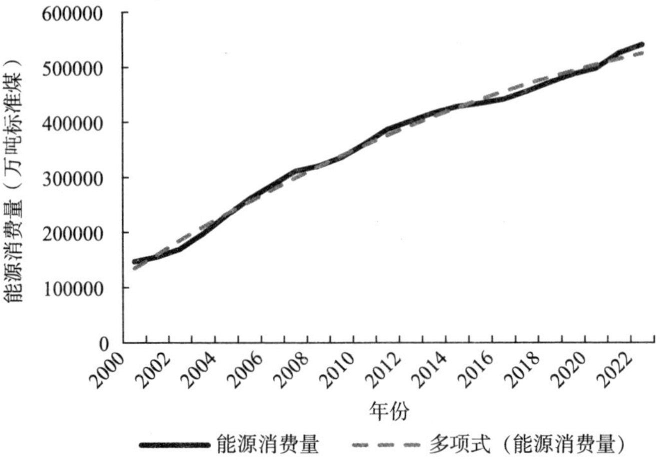

图 3-5　能源消费量时序及其拟合图

从输出的结果可以看出，$R^2=0.99937$，可见方程的拟合度较好。从拟合曲线图（见图 3-5）中可以看出，曲线拟合度较高，拟合效果较好，式（3.2）可用于预测，从而得到 2018—2022 年的拟合值、*MAPE* 和 S^2，如表 3-5 所示。

（二）基于幂函数模型的我国能源需求预测

能源需求序列呈上升趋势，但是上升趋势逐渐减缓，也符合幂函数的曲线模型特征。因此，采用 Excel 进行拟合，得到幂函数曲线方程，如式（3.3）所示。

$$y=115682x^{0.475} \tag{3.3}$$

从输出的结果可以发现，$R^2=0.9684$，R^2 高达 0.97，可见方程的拟合度较好。如图 3-6 所示。

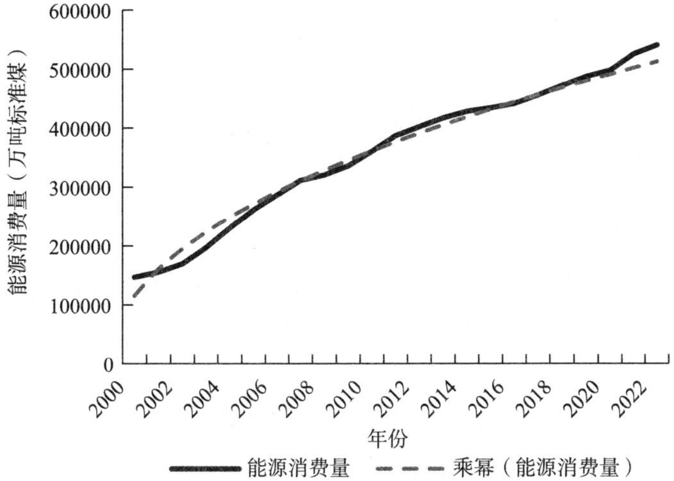

图 3-6 能源消费量时序及幂函数拟合图

（三）基于多元线性回归模型的我国能源需求预测

多元回归分析是指通过回归方程，建立一个因变量和其他一个或多个自变量之间线性或非线性数学模型数量关系式，并利用样本数据进行分析的统计分析方法。本书构建我国能源需求的多元线性回归方程，设因变量为 y，5 个能源需求影响因素即自变量分别为 x_1、x_2、x_3、x_4、x_5。回归方程中，各自变量的参数 a_1、a_2、a_3、a_4、a_5 是未知的，因此，可以用样本数据来估计这些参数，根据 MATLABR2023a，可得到各参数值为：

$$a_1=0.4283,\ a_2=-4.0271,\ a_3=-1212.4,\ a_4=12696,\ a_5=-116578$$

因此，由多元线性回归方程 $y=a_1x_1+a_2x_2+a_3x_3+a_4x_4+a_5x_5$，可得出我国能源需求的多元线性回归方程：

$$y=0.4283x_1-4.0271x_2-1212.4x_3+12696x_4-116578x_5 \tag{3.4}$$

（四）基于 GM（1，1）模型的我国能源需求预测

我国能源系统呈现复杂、灰色的状态，可采用 GM（1，1）模型，使原始数据生成有较强规律性的数据序列，再建立相应的微分方程模型，从而对能源需求未来的趋势进行预测。根据表 3-1 中 2000—2022 年我国能源消费量的原始数据，生成数据列：

x_0 = （146964　222870　233146　243896　255142　266906　279212
292086　305554　319642　334380　349798　365927　382799
400449　418913　438228　458434　479572　501684　524815
549014　574328）

x_1 = （146964　369834　602980　846876　1102018　1368927　1648136
940222　2245776　256542　2899799　3249597　3615523　3998322
4398771　4817684　5255912　5714346　6193917　6695601　7220416
7769430　8343757）

经 MATLABR2023a 编程计算得：

$$a = -0.0451，b = 211259$$

因此，可根据式（3.5）写出基于 GM（1，1）的我国能源需求预测模型，如式（3.6）所示。

$$x_1(k) = [x_{(1)} - b/a] \times \exp[-a \times (k-1)] + b/a$$
$$x_0(k) = x_1(k) - x_1(k-1) \quad (3.5)$$

$$x_1(k) = [x_{(1)} + 4684235] \times \exp[0.0451 \times (k-1)] + 4684235 \quad (3.6)$$

对模型进行后验差检验。经计算，残差的均方差 $S1$ 为 17679.1859，原始数列的均方差 $S0$ 为 119117.7858。则该模型的方差比 C 为 0.1484，小于误差概率（P=0.35），模型精度为一级。因此，式（3.6）可用于预测，从而得到 2018—2022 年的拟合值及 *MAPE*（见表 3-5）。

（五）基于 RBF 神经网络模型的我国能源需求预测

径向基函数神经网络模型（RBF 神经网络模型），在达到单一模型初选原则的基础上，相对 BP 神经网络模型而言，不仅所需的训练样本较少，所得到的训练结果稳定且唯一，而且其逼近能力、泛化能力和学习速度等方面均有所提高。因此，选用 RBF 神经网络模型作为能源需求的单一模型之一。

1. 输入层、输出层的确定

根据对我国能源需求 5 个主要影响因素的分析，确定 GDP（x_1）、年末总人口（x_2）、工业部门产值的比例（x_3）、煤炭消费量的比例（x_4）和能源强度（x_5）作为 RBF 神经网络的 5 个输入节点，能源消费量（y）作为 1 个输出节点。

2. 输入、输出数据的处理

将 1990—2008 年的数据作为训练样本，2009—2013 年作为观测样本。针对 5 个影响因素的样本数据需要按照式（3.7）进行归一化处理。

$$x(t)=\frac{d(t)-\min[d(t)]}{\max[d(t)]-\min[d(t)]} \tag{3.7}$$

其中，$x(t)$ 分别为 RBF 神经网络的 5 个输入样本数据。

对神经网络输出的 1 个预测数据要按照式（3.8）进行反归一化处理。

$$y(t)=u(t)\cdot\{\max[d(t)]-\min[d(t)]\}+\min[d(t)] \tag{3.8}$$

其中，$u(t)$ 为神经网络的 1 个输出预测数据。

3. 分布密度的确定

RBF 函数的分布密度，即 spread 的大小，说明了函数拟合度的高低。因此，spread 参数选择直接决定了预测效果的好坏。

4. 函数设计

RBF 神经网络模型采用的主函数为 MATLABR2023a 神经网络工具箱的函数 newrb，其完整调用形式为：net=newrb（P，T，goal，spread，MN，DF）。

5. 隐含层的确定

将目标参数设定为 0.0003，最大神经元个数（MN）为 19。训练过程中，最重要的参数是径向基函数的分布常数 spread。spread 越大，网络的预测性能越平滑。但过大的 spread 可能导致计算上出现问题，这里先设定为 1，然后以 0.1 的间隔递增。根据大量实验仿真，当 spread=2.7 时，迭代次数在 7 次以后，训练误差基本稳定，预测效果最理想。以观测数据预测的均方误差作为网络的预测性能指标，得出 RBF 神经网络训练性能曲线如图 3-7 所示。

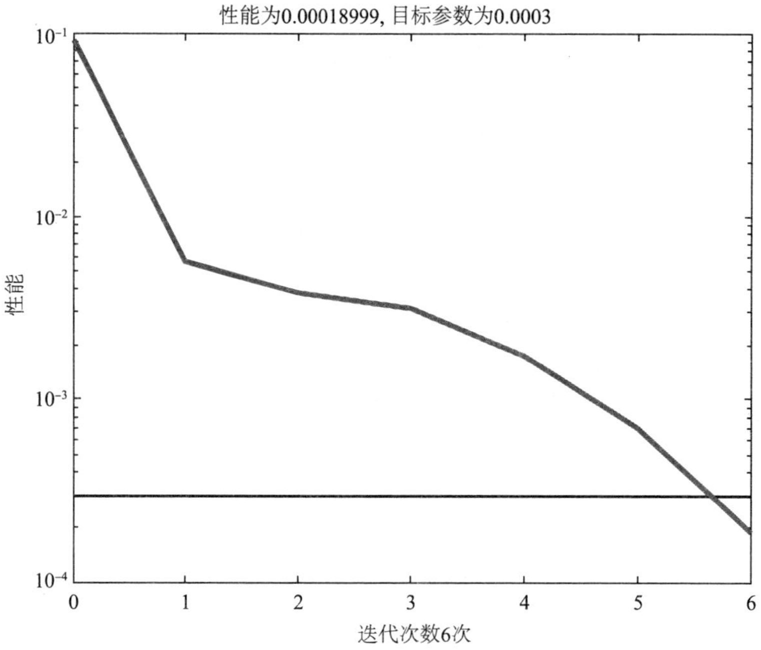

图 3-7　RBF 神经网络训练性能曲线

此时，由 MATLAB2021 可知，隐层神经元个数及 MSE 的值如下所示。

NEWRB，neurons=0，MSE=0.0913864

NEWRB，neurons=2，MSE=0.00378508

NEWRB，neurons=3，MSE=0.00312029

NEWRB，neurons=4，MSE=0.0017209

NEWRB，neurons=5，MSE=0.000692731

NEWRB，neurons=6，MSE=0.000189999

由此，可写出 RBF 神经网络的结构模型为 5-6-1。通过 MATLAB2021 仿真计算，可得到 2018—2022 年的拟合值及 *MAPE*。

（六）基于 BP 神经网络模型的我国能源需求预测

BP 神经网络是由 Rumelhart 和 McCelland 在并行分布处理理论（PDP）中提出的，BP 神经网络的学习规则是利用最速下降法，通过信号的正向传播和误差的反向传播，来不断调整网络的权值和阈值，从而使网络的误差平方和趋近最小，是一种按误差逆传播算法训练的多层前馈网络。BP 神经网络和 RBF 神经网络一样，包含输入层、隐含层和输出层。网络信号由输入层正向传递至隐含层，经过传递函数分析处理后，再传递至输出层，得到输出结果，该过程反复多次进行，以使网络运行的误差最小。BP 神经网络结构如图 3-8 所示。

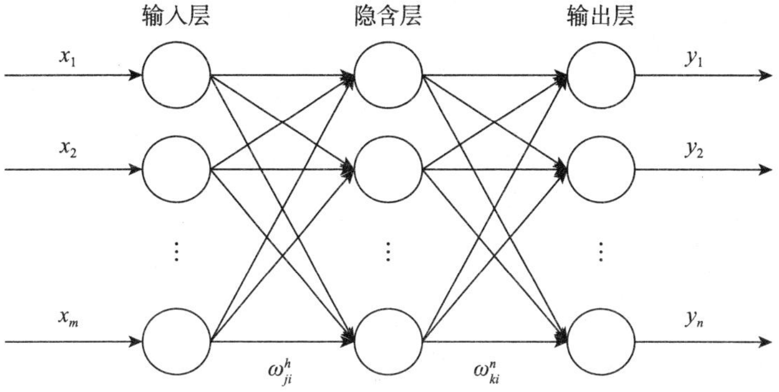

图 3-8　BP 神经网络模型结构

输入层和输出层的个数分别是解释变量的个数和被解释变量的个数，而隐含层个数往往不固定，通常结合以下关系式进行确定：

$h=\sqrt{m+n}+a$ ，h 为隐含层个数，m 为输入层个数，n 为输出层个数，a 为 10 以下自然数。

正向传递过程中，假设 i、j、k 分别表示输入层、隐含层和输出层的某一节点，输入层和隐含层之间的权值就可以表示为 ω_{ji}^{h} ，隐含层和输出层之间的权值表示为 ω_{ki}^{n} 。相邻两个节点 i 和 j 之间的权值为 ω_{ij} ，节点 j 的阈值为 b_j，每个节点上输入层对信号起支配调节作用，该节点 i 输出到隐含层为：

$$\varphi_i^m = Net_i^m \tag{3. 9}$$

隐含层节点 j 的输出以权值作用下的输入层之和进行计算：

$$\varphi_j^h = f_1(\varphi_j^h) = f_1(\sum_i w_{ji}^m f_i^m) \tag{3. 10}$$

式（3. 10）中，f_1为输入层到隐含层之间的连接函数。

同理，输出层节点上的输出为：

$$\varphi_k^n = f_2(\varphi_k^n) = f_2(\sum_j w_{kj}^n f_k^h) \tag{3. 11}$$

式（3. 11）中，f_2为隐含层到输出层之间的连接函数。

上述3个表达式中，f为传递函数或激活函数，通常采用Sigmoid（S）函数或者双极性函数。

S函数：$f(x) = \frac{1}{1 + e^{-x}}$；

双极性S函数：$f(x) = \frac{1 - e^{-x}}{1 + e^{-x}}$

如果特殊情况下的函数逼近，则使用线性函数：$f(x) = ax$；逆向反馈过程往往是误差的负向传播，构建的是误差值与权值和阈值之间的函数关系：

$$E = \frac{1}{2} \sum_j (T_j - f_j)^2 \tag{3. 12}$$

隐含层节点j的输出以权值作用下的输入层之和进行计算。式（3.12）中，T_j为期望输出，f_j为实际输出。

该函数运用误差平方和的梯度下降法不断对各层神经元之间的连接权值进行调整，如此反复，使得误差信号不断减小，以至达到模型运行的合理要求。网络训练的过程中，各层连接权值的修正关系可以表述为：

$$\Delta\omega_{ji} = \omega_{ji}(t) - \omega_{ji}(t - 1) \tag{3. 13}$$

式中，$\Delta\omega_{ji}$为权值修正量，$\omega_{ji}(t)$和$\omega_{ji}(t - 1)$分别表示两层神经元之间当前时刻和前一时刻的连接权值，也可以用误差对h层神经元j节点的偏导表示：

$$\Delta\omega_{ji}^h = -\eta \frac{\partial E^h}{\partial \omega_{ji}^h} \tag{3. 14}$$

式（3.14）中，η为小于1的调节系数，一般称为学习速率，该系数用来控制权值的下降速度。

本书借助MATLAB2017b软件进行仿真估计，以GDP、总人口、产业结构、能源结构、能源强度5个指标作为BP神经网络输入层的输入信号（数据），能源需求总量作为神经网络的输出信号。隐含层数目为 10，采用 MATLAB 的 BP 神经网络工具箱进行仿真。用 newff 构建一个 3 层的 BP 神经网络，并用 logsig 和 purelin 分别作为隐含层和输出层神经元的激活函数。根据输入指标和输出指标，确定输入层节点数为 5，隐含层节点数为 10，输出层节点数为 1。网络训练学习函数采用 traingdx 函数，神经网络训练的目标误差设置为 0.000001，学习率设置为 0.001，最大迭代次数设置为 500，并选择前 18 组样本为训练组，最后 5 组为测试检验窗口，对 BP 神经网络模型进行拟合。由此可写出 BP 神经网络的结构模型为 5-10-1，拟合图如图 3-9 所示。

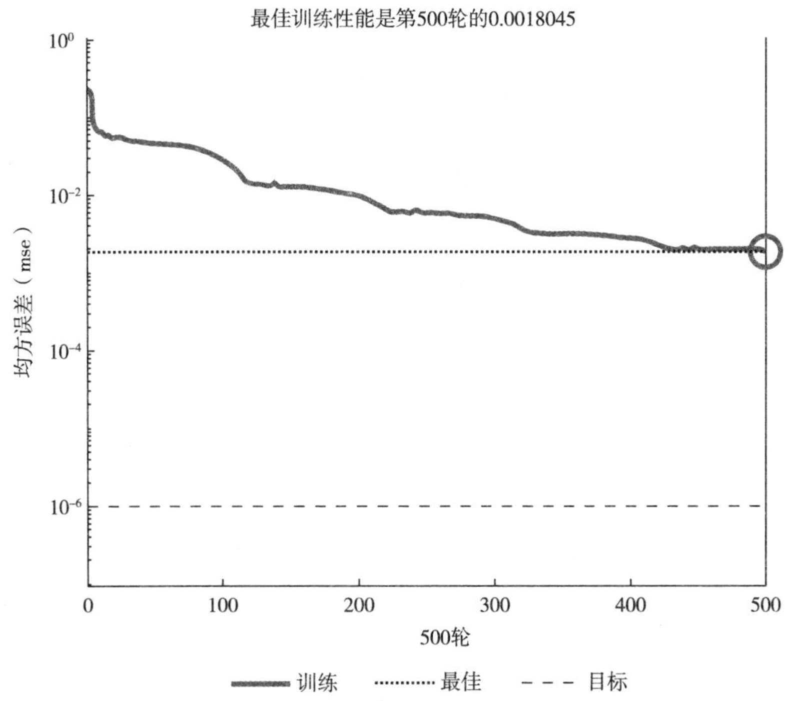

图 3-9　BP 神经网络训练性能曲线

二、单一模型拟合结果及分析

通过我国能源需求的 6 个单一模型，可得到 2018—2022 年的拟合值及 *MAPE*，统计结果如表 3-5 所示。

表 3-5 各单一模型的拟合值以及 *MAPE* 统计表

单位：万吨标准煤

	多项式曲线	幂函数	多元线性回归	GM（1，1）	RBF 神经网络	BP 神经网络
2018 年	481799.76	456583.52	475372.4003	479571.50	475005.63	471831.3988
2019 年	493814.00	468461.33	490129.8928	501683.64	485695.15	472587.7023
2020 年	505062.56	480015.25	477955.1337	524815.32	501392.31	512169.8398
2021 年	515545.44	491269.67	532170.0137	549013.57	523999.99	519432.5207
2022 年	525262.64	502246.09	552722.1181	574327.55	540562.79	545197.3325
MAPE	1.92%	4.91%	3.56%	8.76%	2.07%	2.94%
S^2（10^7）	90.1	27.9	146.55	133.82	148.03	49.782

根据表 3-5，通过对比以上 6 个单一模型的 *MAPE* 和 S^2，可以发现，多项式曲线模型的预测误差和方差均最小，说明其预测精度和稳定性均最高，其次为 RBF 神经网络模型、BP 神经网络模型、多元线性回归模型、幂函数模型和 GM（1，1）模型。

多项式曲线模型和幂函数模型是根据过去轨迹变化的情况，对未来的能源需求量进行预测。二者均立足于寻找数据的非线性趋势类型，可以描述序列中长期确定性趋势的变动规律，但不对其中的随机成分作统计处理，当遇到历史数据起伏较大时，预测精度难以提高。

多元线性回归模型是进行一个因变量与多个自变量间的回归分析，以此建立多元回归方程，从而可由多个自变量来估计因变量，是一种最简单、常用且具有基础性质的统计分析方法。因此，该方法可以很好地考量能源需求量（因变量）与能源需求影响因素（自变量）之间的因果关系。

GM（1，1）模型是通过从近期、小样本的数据中找出规律特征，从而进行预测。对样本数据的统计特征要求不高，并且其后验差检验方法进一步保证了该模型预测长期趋势变化的能力，可以客观地刻画能源需求系统。

RBF 神经网络模型充分考虑了影响因素和能源需求的非线性关系。该模型对大量非结构性、非精确性的规律不仅具有自适应功能，而且具有信息记忆、自主学习和优化计算的特点。另外，在建模时也不需要计算统计特征。

BP 神经网络作为一种全局逼近型网络，会造成网络计算速度慢，参数设置不统一，容易陷入局部最优，无法满足实时性要求等问题。但是，作为一种智能算法，神经网络模型能同时包含多个隐含层，通常以大规模的复杂系统为例，具有极强的非线性映射能力、自学习能力和较强的自适应能力以及泛化能力和容错能力等（彭建良，1998）；且具有普遍的适用性，在能源领域，是进行中长期预测的重要模型之一。

通过上述分析可以看出，这 6 个单一模型有各自的优缺点，从不同方面提供了能源需求的信息片段，但因为 GM（1，1）模型预测误差 *MAPE* 超过 5%，不满足预测精度基本要求，所以将其剔除，充分利用剩余 5 个模型所反映的信息，同时避免非线性融合预测中 5 个单一模型间信息重叠的现象，即冗余信息。为此，本章引入包容性检验的方法，以此遴选出相互独立且信息互补的单一模型，从而降低融合模型的建模复杂性，同时进一步改善预测精度。

第三节　能源需求融合预测中单一模型遴选

一、包容性检验的原理

（一）包容性检验（Linear Encompass Test）的原理

设 f_{ct} 为所有 m 种单一模型所组成的组合模型在第 t 个时刻的预测值，即：

$$f_{ct}=\alpha_1 x_{1t}+\alpha_2 x_{2t}+\cdots+\alpha_m x_{mt} \tag{3.15}$$

其中，$\alpha_1+\alpha_2+\cdots+\alpha_m=1$，$\alpha_k\geqslant 0$，$k=1, 2, \cdots, m$。设 $f_{(c-i)t}$ 为仅不含第 i 种单一模型所组成的组合模型在第 t 个时刻的预测值。考虑 f_{ct} 和 $f_{(c-i)t}$ 构成的线性模型：

$$x_t = \beta_1 f_{(c-i)t} + \beta_2 f_{ct} + u_t \tag{3.16}$$

其中，$\beta_1 \geqslant 0$，$\beta_2 \geqslant 0$，均为回归系数，且 $\beta_1 + \beta_2 = 1$，u_t 为随机扰动项。如果 $\beta_1 = 0$，$\beta_2 = 1$，则称组合模型 f_{ct} 包容组合模型 $f_{(c-i)t}$；如果 $\beta_1 = 1$，$\beta_2 = 0$，则称组合模型 $f_{(c-i)t}$ 包容组合模型 f_{ct}。如果 β_1、β_2 取其他值，就称组合模型 f_{ct} 和 $f_{(c-i)t}$ 互不包容，则表明单一模型 f_i 能够提供有用的信息。令 $e_{ct} = x_t - f_{ct}$，$e_{(c-i)t} = x_t - f_{(c-i)t}$，分别表示两个组合模型预测误差，则由式（3.16）可得：

$$\begin{aligned} x_t - f_{(c-i)t} &= \beta_1 f_{(c-i)t} + \beta_2 f_{ct} + u_t - f_{(c-i)t} \\ &= \beta_2 \left[f_{ct} - f_{(c-i)t} \right] + u_t \\ &= \beta_2 \left[e_{(c-i)t} - e_{ct} \right] + u_t \end{aligned} \tag{3.17}$$

同理可得：

$$\begin{aligned} e_{(c-i)t} &= \beta_2 \left[e_{(c-i)t} - e_{ct} \right] + u_t \\ e_{ct} &= \beta_1 \left[e_{ct} - e_{(c-i)t} \right] + u_t \end{aligned} \tag{3.18}$$

这样组合模型的包容性检验问题就归结为对回归模型（3.17）、模型（3.18）的检验，检验步骤如下。

（1）设 H_0：$\beta = 0$，H_1：$\beta \neq 0$，其中 β 取值为 β_1 或 β_2。

（2）计算统计量。当 H_0 成立时，可得

$$t = \frac{\hat{\beta} - \beta}{S(\hat{\beta})} = \frac{\hat{\beta}}{S(\hat{\beta})} \sim t(n-2) \tag{3.19}$$

（3）在给定显著性水平 α 下，确定临界值 $t_{\alpha/2}$（$n-2$）。

（4）检验结果判断。若 $|t| \geqslant t_{\alpha/2}$（$n-2$），则拒绝原假设 H_0：$\beta = 0$，表明单一模型 f_i 显著提高了组合预测的精度；反之，$|t| < t_{\alpha/2}$（$n-2$），则接受原假设，表明单一模型 f_i 的增加没有改变组合预测的性能，未能增加新的信息，即 f_{ct} 和 $f_{(c-i)t}$ 的预测效果一样，从而将单一方法 f_i 删除。①

（二）基于包容性检验的单一模型遴选流程

组合预测的根本目的是通过组合更多的单一模型以改进预测效果。也就

① Harvey D S, Leybourne S J, Newbold P. Tests for forecast encompassing［J］. Journal of Business & Economic Statistics, 1998, 16（2）：254-259.

是说，当带有这个单一模型的组合预测好于不带有这个模型时，这个单一模型就应该包含在组合模型中，否则就应该将其剔除。因此，将包容性检验方法应用于组合模型的单一模型遴选问题中，既可以提高组合模型中单一模型的选择效率，又可以改善组合模型的有效性和预测效果。与王丰效基于线性包容性检验方法的遴选步骤和流程相同，基于非线性包容性检验的单一模型遴选流程如图 3-10 所示。

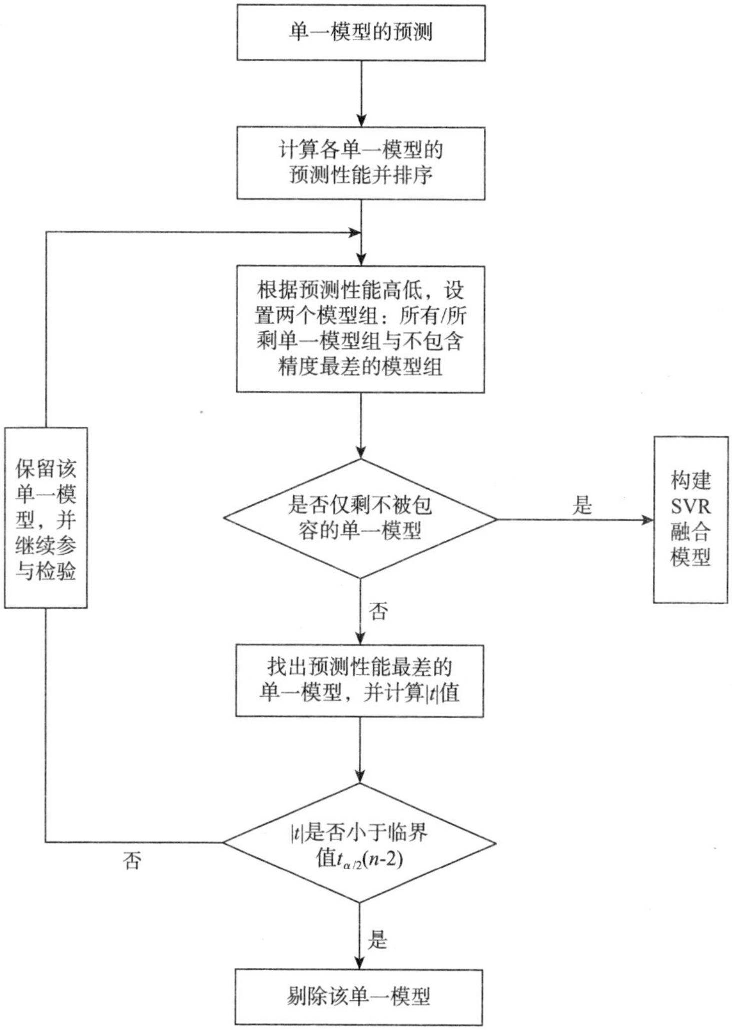

图 3-10　基于非线性包容性检验的单一模型遴选流程

步骤 1：按照预测效果（如 *MAPE*）对每个单一模型的预测性能进行评价，并根据评价结果对单一模型进行排序。假定各个单一模型的预测精度排序为 $f_1>f_2>\cdots>f_m$（表示模型 f_1 优于 f_2 优于……f_m）。

步骤 2：先利用这些单一模型 f_1，f_2，…，f_m 建立组合模型 f_c，再利用不包含预测精度最差的所有单一模型 f_1，f_2，…，f_{m-1} 建立组合模型 f_{c-m}。对这两个组合模型进行包容性检验，如果组合模型 f_{c-m} 包容组合模型 f_c，表明单一模型 f_m 的加入并没有使预测精度提高，从而将单一模型 f_m 从单一模型组中剔除，用 $f_{c-(m-1)}$ 代替 f_{c-m} 继续进行包容性检验。否则转入步骤 3。

步骤 3：用 f_{c-m} 代替步骤 2 中的 f_c，与不包含单一模型 f_{m-1}、f_m 的组合模型继续进行包容性检验，直到所有的单一模型都被检验完为止。

步骤 4：将最后留下的单一模型作为参与组合预测的单一模型。① 根据基于包容性检验的单一模型遴选流程，针对我国能源需求非线性融合预测中的单一模型遴选问题，采用非线性包容性检验方法的遴选步骤。

二、基于包容性检验的单一模型遴选

根据图 3-10，基于包容性检验的单一模型遴选步骤如下：

步骤 1：根据表 3-5 中的 *MAPE* 大小，对这 5 个单一模型的预测精度进行排序：$f_1>f_4>f_5>f_3>f_2$。

步骤 2：在 $\alpha=0.05$ 的显著性水平下，通过 f_1、f_4、f_5、f_3、f_2 的融合模型和 f_1、f_4、f_5、f_3 的融合模型来对 f_2 进行包容性检验，得到 t 统计量为 0.244。查 t 分布临界值表，可以得到 $t_{0.025}=3.1824$，有 $|t|=0.244<3.1824$。根据接受原则，f_2 与其他单一模型互相包容，因而剔除 f_2，即剔除幂函数模型。

步骤 3：在 $\alpha=0.05$ 的显著性水平下，通过 f_1、f_4、f_5、f_3 的融合模型和 f_1、f_4、f_5 的融合模型对 f_3 进行包容性检验，有 $|t|=2.29<t_{0.025}=3.1824$。

① 王丰效．基于组合预测包容性检验的单项模型选择［J］．重庆师范大学学报（自然科学版），2013，30（3）：82-84.

根据接受原则，f_3 与其他单一模型互相包容，因而将 f_3 从待评表中删除，即剔除多元线性回归模型。

步骤 4：在 $\alpha=0.05$ 的显著性水平下，通过 f_1、f_4、f_5 的融合模型和 f_1、f_4 的融合模型来对 f_5 进行包容性检验，有 $|t|=0.2738<t_{0.025}=3.1824$。根据接受原则，$f_5$ 与其他单一模型相互包容，因而将 f_5 从待评表中删除，即将 BP 神经网络模型剔除。

步骤 5：在 $\alpha=0.05$ 的显著性水平下，通过 f_1、f_4 的融合模型和 f_1 来对 f_4 进行包容性检验，有 $|t|=4.24>t_{0.025}=3.1824$。根据接受原则，$f_4$ 与其他单一模型不互相包容，将 f_4 保留，即保留 RBF 神经网络模型。

步骤 6：在 $\alpha=0.05$ 的显著性水平下，对 f_1 单独进行包容性检验，有 $|t|=13.4303>t_{0.025}=3.1824$。根据接受原则，$f_1$ 与其他单一模型不包容，因而保留 f_1，即保留多项式曲线模型。

采用包容性检验对上述 5 个单一模型进行遴选，可得到各变量的 t 检验对比结果，如表 3-6 所示。此时，待评表已经为空，停止包容性检验。将所保留的单一模型 f_1、f_4 作为最终参与融合的单一模型。

表 3-6 基于包容性检验的各变量 t 值统计表

变量	$t_{0.025}$	$\|t\|$	判断	遴选结果
f_2	3.1824	0.244	$\|t\|=0.244<3.1824$	剔除
f_3		2.29	$\|t\|=2.29<3.1824$	剔除
f_5		0.2738	$\|t\|=0.2738<3.1824$	剔除
f_4		4.24	$\|t\|=4.24>3.1824$	保留
f_1		13.4303	$\|t\|=13.4303>3.1824$	保留

第四节　基于 ET-SVM 融合模型的我国能源需求预测

一、支持向量机回归模型

（一）原理

支持向量机回归（SVM）模型①是 Vapnik 等提出的一种基于统计学习和结构风险最小化原理的新型机器学习算法。与神经网络模型相比，支持向量机的训练算法不存在局部极小和维数灾问题，具有自动设计模型复杂度和泛化能力强等优点，已被成功地用于优化控制、模式识别和金融预测等领域。

利用 SVM 模型进行回归与预测的基本思想是将输入的变量 x^1，x^2，…，x^d 映射到一个高维的特征空间 $[\varphi(x_1), \varphi(x_2), \cdots, \varphi(x_n)]$。由统计学习理论，可将原非线性模型转化为特征空间的线性模型，如式（3.20）所示。

$$f(x_j) = \omega^T\varphi(x_j) + b \tag{3.20}$$

式（3.20）中，ω、b 是模型中需要进行辨识的参数。利用结构风险最小化原则，对式（3.20）中需要辨识的参数进行处理，如式（3.21）所示。

$$R_{emp}[f] = \sum_{i=1}^{s} C(e_i) + \lambda \|\omega\|^2 \tag{3.21}$$

式（3.21）中，R_{emp}为经验风险；$\|\omega\|^2$为置信风险；$C(e_i)$ 为损失函数。根据 SVM 原则，且 λ 取 0.5，求解式（3.21）等价于求解式（3.22）的优化问题。

$$\min L = \frac{1}{2}\omega^T\omega + C\sum_{i=1}^{S}(\varepsilon^* + \varepsilon_i)$$

① 王丰效．基于组合预测包容性检验的单项模型选择［J］．重庆师范大学学报（自然科学版），2013，30（3）：82-84.

$$\text{s.t.}\begin{cases} y-[\omega,\ \varphi(X_t)]-b\leqslant\varepsilon_i^*+\varepsilon \\ [\omega,\ \varphi(X_t)]+b-y\leqslant\varepsilon_i+\varepsilon \qquad (i=1,\ 2,\ \cdots,\ n) \\ \varepsilon_i,\ \varepsilon_i^*\geqslant 0 \end{cases} \tag{3.22}$$

式（3.22）中，ε、$\varepsilon_i{}^*$均是松弛变量，y是训练集中需要拟合的实际值。为了便于求解，往往把式（3.22）转化为对偶问题，则可得非线性函数f（x），如式（3.23）所示。

$$f(x)=\sum_{j=1}^{l}\alpha_j K(X_t,\ X)+b \tag{3.23}$$

式（3.23）中，α_j为支持向量参数，K（X_t，X）是内积函数（是SVM里通用的表示映射关系的函数），X_t是训练样本的输入向量，X是待输入样本的输入向量。根据Mercer条件，定义核函数，选择径向基核函数，如式(3.24)所示。

$$K(X_t,\ X)=\exp\left(-\frac{\|x_j-x_v\|^2}{\sigma^2}\right) \tag{3.24}$$

将式（3.24）代入式（3.23）中，经过等价交换可得到式（3.25）：

$$f(x)=\sum_{j=1}^{l}\alpha_j\exp\left\{-\frac{\|x_j-x_v\|^2}{\sigma^2}\right\}+b \tag{3.25}$$

式（3.25）中，α_j是支持向量所对应的参数值；x_j是训练年份的输入数据向量；x_v是预测年份的输入数据向量；f（x）是输出向量集合。式（3.25）经过运算便可得到参数α_j和b，从而可写出基于SVM的预测模型。

（二）基于SVM的能源需求融合预测原理

基于SVM的融合模型训练数据设置如下：将t时刻各单一模型的预测结果所组成的向量作为SVM的输入，将t时刻能源需求实际值作为SVM的输出。通过对输入、输出的数据进行训练后，SVM便可用来进行融合预测。令$f_t=(f_{t1},\ f_{t2},\ \cdots,\ f_{tm})^T$，$t=1,\ 2,\ \cdots,\ n$，表示$t$时刻的输入值；$y_t$，$t=1,\ 2,\ \cdots,\ n$表示训练集中需要拟合的实际输出值。其网络结构如图3-11所示。图3-11中，α_1，α_2，$\cdots$，α_j是网络权重，f_1，f_2，$\cdots$，f_n是输入向量，y是输出向量。

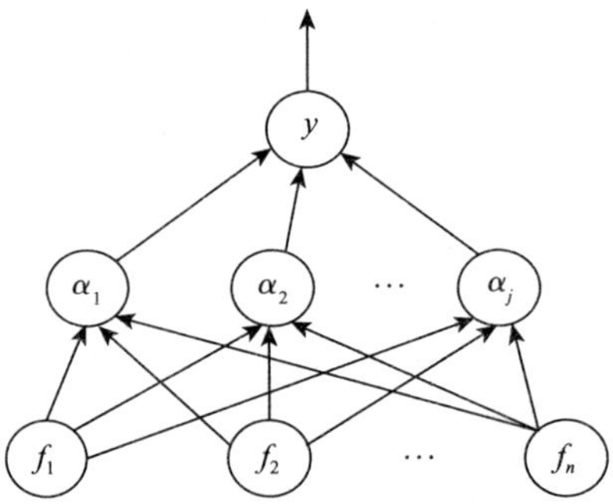

图 3-11　融合预测的 SVM 结构图

Vapnik 等提出的经典 SVM 算法的实现归结为解决一个线性约束的二次规划问题，算法编程比较复杂，对硬件的要求较高且收敛速度慢，难以推广使用。后来，一些学者提出了相应的改进算法，在一定程度上提高了收敛速度。其中，以 Smola 和 Scholkopf 提出的序列极小化训练算法①最为典型，它将算法的收敛速度提高了上千倍且更容易实现。随后，Shevade 对该算法又做了进一步改进，使收敛速度又提高了一个数量级。

（三）操作步骤

本章使用了 Chang Chichung 和 Lin Chihjen 在 2011 年提出的 LIBSVM 函数库，② 该方法借鉴了其他方法的优点，给出了一个工作集的确定方法，使得优化问题成为一个典型的二次优化问题，并使其具有解析解，相对普通的优化问题数值求解方法而言，此算法占用更少的内存，而且计算速度更快，结果的精度更高。

核函数的选择对能源需求预测的精度影响很大，本章的研究试算线性核函数，在能源需求预测方面能够比多项式函数、RBF 神经网络核函数等获得更高的精度。采用 LIBSVM 函数库来进行回归分析，目的就是确定拉格朗日

① 王丰效．基于组合预测包容性检验的单项模型选择［J］．重庆师范大学学报（自然科学版），2013，30（3）：82-84.

② Chang C，Lin C. LIBSVM：A library for support vector machines［Z］. ACM Transactions on Intelligent Systems and Technology，2011（2）：1-27.

乘子 α_j 和阈值 b，实现过程如图 3-12 所示。

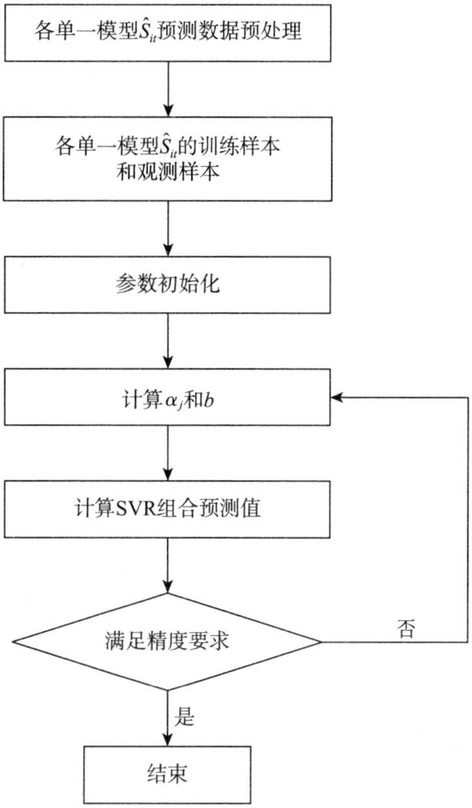

图 3-12 SVM 模型的操作步骤

具体步骤如下：

（1）输入原始数据并进行预处理，形成训练样本和观测样本。

（2）用各单一模型对处理后的数据分别进行预测，得到各单一模型预测值和能源需求实际值，从而组成新的训练样本和观测样本，作为 SVM 融合模型的样本。

（3）对 SVM 模型初始化，将拉格朗日乘子 α_j 和阈值 b 赋予随机的初始值。

（4）利用训练样本建立目标函数，即如式（3.25）所示。然后利用 LIBSVM 求解该目标函数，得到 α_j 和 b 的值。

（5）将得到的参数值 α_j 和 b 代入式（3.25）中，计算基于 SVM 融合模型在未来某时刻的预测值。

（6）计算预测性能评价指标 *MAPE*。当 *MAPE* 小于预先设定的某个正数时（或达到预先设置的迭代次数），结束学习过程。否则返回步骤 4 继续学习。

二、基于 SVM 的我国能源需求融合预测模型

由基于包容性检验的单一模型遴选结果可知，f_1、f_4 是相互独立的单一模型，且涵盖了较为全面的信息，则利用 SVM 模型对 f_1、f_4 构建融合模型。将 f_1、f_4 于 2000—2017 年的拟合值作为 SVM 的输入，相应地，把 2000—2017 年的能源实际消费量作为输出。在对数据进行训练时，将 *MAPE* 作为预测精度的评价标准，经过反复试验，最后确定当正规化参数 α= [0.1985，0.1801，0.2087，0.1980，0.2037]，b=-0.0124，核函数为线性函数时，预测结果最佳。因此，可得到 2000—2017 年 f_{14} 能源需求的拟合值，如表 3-7 所示。

表 3-7　2000—2017 年 f_{14} 能源需求的拟合值

年份	数值	年份	数值	年份	数值
2000	139677.3417	2006	281810.7430	2012	396843.7021
2001	161317.1729	2007	301893.5870	2013	413273.5035
2002	181175.0343	2008	318222.1731	2014	427592.5284
2003	210767.1920	2009	339760.8405	2015	435737.0315
2004	231095.7648	2010	358360.0963	2016	449335.0260
2005	261822.9616	2011	380019.8422	2017	463562.4275

将求出的参数值 α_j 和 b 代入式（3.25）中，便可写出 SVM 线性核函数的预测模型，如式（3.26）所示。

$$f(x)=0.1985x_1+0.1801x_2+0.2087x_3+0.1980x_4+0.2037x_5-0.0124 \tag{3.26}$$

为了进一步说明融合预测中单一模型选择结果的合理性，将 2018—2022

年的数据作为观测数据，并通过该区间的观测窗口，利用预测效果评价指标 *MAPE* 和 S^2 对 ET-SVM 融合模型 f_{14} 和未用包容性检验的所有单一模型的融合模型 f_{12345} 的拟合结果进行比较、分析，统计结果如表 3-8 所示。

表 3-8　基于 SVM 融合预测模型的统计结果

单位：万吨标准煤

	实际值	包容性检验（f_{14}）	未用包容性检验（f_{12345}）
2018 年	471925	476455.80	469857.98
2019 年	487488	487199.69	479547.49
2020 年	498314	504600.48	494303.90
2021 年	525896	512211.81	512211.80
2022 年	541000	531910.13	531778.19
MAPE	—	1.31%	1.44%
S^2（10^7）	—	46.9021	62.2003

从表 3-8 的统计结果中可以看出，一方面，通过 SVM 模型分别组合 1、4 模型和 1、2、3、4、5 模型，无论哪种组合模型，其 *MAPE* 均小于表 3-5 中的各单一模型。这说明基于 SVM 的融合模型可以涵盖更多的信息源，更好地拟合了能源需求非线性趋势，可以提高预测精度。另一方面，基于 SVM 的融合模型中，基于 ET-SVM 融合模型 f_{14} 的 *MAPE*（1.31%），小于未采用包容性检验的 SVM 融合模型 f_{12345}（1.44%），说明融合模型中单一模型越多，信息源就越多。但由于信息源可能存在更多的冗余信息，反而会降低预测精度，并不是参与的单一模型越多越好。采用包容性检验方法，可以有效避免融合模型中单一模型间的信息重叠冗余的现象，不仅可以降低融合模型的建模复杂性，而且可以提高融合预测的效率，并进一步改善预测精度。

从 S^2 即方差来看，首先，表 3-8 中两种融合模型的方差均远小于表 3-5 中的多项式曲线模型、多元线性回归模型、GM（1，1）模型、RBF 神经网络模型，说明基于 SVM 的融合模型很大概率可以有效改善模型的稳定性。但 f_{12345} 的方差（62.2003×10^7）大于 BP 神经网络模型的方差（49.782×10^7），而

f_{14}融合模型的方差（46.9021×10^7）小于所有单一模型的方差，且低于f_{12345}的方差（62.2003×10^7），说明融合模型中，不是单一模型越多模型的稳定性就越强，只有相互独立且互补的单一模型进行融合，才可以增强模型的稳定性。也就是说，本章提出的基于 ET-SVM 融合模型f_{14}，其方差仅有 46.9021×10^7，低于未采用包容性检验的 SVM 融合模型f_{12345}（62.2003×10^7），说明其模型稳定性最好。因此，采用该模型对 2023—2030 年的我国能源消费量进行预测。

三、预测

（一）情景设置

本书的情景假设是基于我国“十四五”和“十五五”规划以及能源规划提出的。“十四五”和“十五五”是经济社会全面绿色转型的两个关键期，提出了提高非化石能源消费比重、提升能源利用效率、降低二氧化碳排放水平等方面的目标。其中，到 2025 年，可再生能源消费比重要达到 14.4%，单位地区生产总值能耗要比 2020 年下降 14%，单位地区生产总值二氧化碳排放下降幅度确保完成国家下达目标。到 2030 年，可再生能源消费比重要达到 25%左右，单位地区生产总值二氧化碳排放确保完成国家下达目标，确保如期实现 2030 年前“碳达峰”目标。

为了更好地预测能源需求以及引导能源政策的制定，对经济增长、总人口、产业结构、能源消费结构、科技进步这 5 个影响因素设定以下 3 种情景。

1. 基准情景

基准情景（即情景 A），假设不采取节能减排等政策，仅考虑我国经济增长的问题。也就是说，我国经济将继续维持过去 20 年的发展趋势，即劳动力将稳定转移；科技水平没有重大突破，能源效率与过去没有太大变化；受技术发展因素的限制，我国新能源等开发利用及推广速度均很慢；煤炭仍在能源比重中占据首要位置；城市化和工业化水平平缓提升，居民生活水平稳步提高。

（1）经济增长

“十四五”规划纲要将稳健发展作为主要目标，强调推进产业转型升级，加强基础设施建设和现代化农业，发展数字经济和新型城镇化，加强全球经济治理和开放型经济。我国经济在“十四五”期间继续稳步增长。由于受2020年新冠疫情的影响，2020年经济的增长速度从2019年的7.31%下滑到2.74%。随着疫情的结束，2022年GDP有所回暖，经济年均增长速度达到5.31%。基准情景设置中，设2023—2030年的经济增长速度继续保持在过去5年的经济发展速度（7.85%）（王迎，2023）。

（2）总人口

人口的增长直接影响能源需求的大小和构成。2000—2022年我国人口以年均增长0.49%的速度逐年增加，但是增长速度逐年降低，从2001年的0.7%下降到2021年的0.03%。随着收入的提高和生活水平的改善，人口的增长速度会减缓，甚至停止，2022年第一次出现负增长（-0.06%）。根据情景A的基本假设，我国人口数量继续保持上升趋势，并结合世界银行数据库资料，设2023—2030年的年均增长速度仍以过去10年的增长速度增加，为0.38%。

（3）产业结构

我国经济结构中，第二产业尤其是工业部门对GDP的贡献率居高不下，我国正处在工业化转型阶段，此种经济结构不可能大幅地调整。结合历史数据，2000—2022年工业部门平均占比高达46.81%。从2011年开始工业占比增长速度均为负值，其中2011—2019年年均下降6.02%。本书以2000—2022年的增长速度为参考，情景A假设2023—2030年工业比重将以每年0.31%的速度持续下降。

（4）能源消费结构

作为世界上少数几个以煤炭为主的国家，2000—2022年中国用煤年均比例为66.05%，年均增长速度为-0.88%。基于情景A的基本假设，中国的能源结构不会发生剧烈的改变，煤炭仍将是主要的能源资源。随着我国经济结构的逐渐转型以及经济发展方式的改变，能源需求量尤其是煤炭需求量的下降速度仍然保持不变。因此，本书假设2023—2030年煤炭比例将会以0.88%

的速度持续下降。

（5）科技进步（能源强度）

能源强度是反映能源效率高低的重要指标。针对能源效率，存在这样一个事实：在能源效率较低时，提高能源效率比较容易；越往后，提高能源效率越困难（彭松，2019）。因此，假设能源效率的增长速度遵循逐步降低的历史规律。从历史数据可以看出，2000—2022 年能源强度以年均 5.18%的速度持续下降，基于此，假设 2023—2030 年的年均增长速度为-5%。

2. 低碳情景

低碳情景（即情景 B），是基于我国“十四五”规划提出的，“十四五”时期要保持经济持续健康发展，努力使经济增速与潜在经济增长率保持一致。经济增长不是唯一的核心目标，还考虑了国家能源安全、自然环境压力和低碳发展要求等因素，国家出台了相关的法律法规。该情景反映了对提高能源效率、降低能源消耗等措施和政策的重视，加速向能源可持续发展方向转变。

（1）经济增长

我国“十四五”规划提出，到 2035 年人均 GDP 达到中等发达国家水平，蕴含着未来 15 年我国 GDP 需要保持一定的增长速度，也就是说，2035 年我国人均 GDP 将达到 3.45 万美元，那么每年经济增速要保持在 3.5%左右。同时，“十四五”规划还指出，我国采取强有力的措施来保障低碳、节能、环保愿景的实现，经济发展速度必然受到一定程度的影响。结合“十四五”规划，设置我国 2023—2030 年年均经济增长速度为 3.5%。

（2）总人口

人口数量和能源需求总量成正比。控制能源需求总量的目标间接反映出人口数量的控制要求。考虑到“十四五”规划的实现，在情景 A 的基础上，假设情景 B 中，人口增长速度持续下降，情景 A 2023—2030 年年均增长速度 0.38%为情景 B 中近 5 年的增长速度。这表明，中国人口总量 2030 年应达到 13.74 亿。假设 2023—2030 年人口仍然持续增长，但增长速度明显下降，以 0.17%的速度缓慢增长。

（3）产业结构

改革开放以来，我国三次产业结构在调整中不断优化，总体呈现由“二一三”向“二三一”，再向“三二一”演变的趋势。展望“十四五”时期，我国经济发展进入新时代，转向高质量发展阶段，产业结构进一步转型升级。第一产业比重将呈现持续稳步下降的态势，但由于乡村振兴战略的实施以及农产品价格的趋升，“十四五”期末第一产业比重将下降至6.5%左右；在新一代科技与产业变革、创新驱动发展、“碳达峰、碳中和”目标硬约束等背景下，我国工业创新发展能力大幅提升，制造业高端化发展态势逐步显现，绿色发展水平迈上新台阶，2016—2019年第二产业比重降至40%以下。因此，本书假设情景B中，2023—2030年工业部门产值比重以年均3%的速度下降。

（4）能源消费结构

国家能源局表示，我国要努力开发新能源和可再生能源，加快能源结构调整，2030年我国非化石能源消费比重将达25%。即使石油、天然气消费比重达到25%，煤炭仍然是我国主要能源资源。本书假设2023—2030年煤炭占比年均下降速度为2%。

（5）科技进步（能源强度）

能源强度，即单位GDP能源，有利于引导提高能源利用效率，以能耗约束倒逼产业结构转型和发展动能转换。“十三五”时期，我国单位GDP能源消耗降低13.2%。由于产业结构偏重、投资占比偏高，我国单位GDP能耗约为经济合作与发展组织（OECD）国家的3倍、世界平均水平的1.5倍，下降空间仍然较大。中共中央、国务院出台的《关于完整准确全面贯彻新发展理念做好碳达峰碳中和工作的意见》明确提出，到2025年，单位GDP能源消耗下降13.5%，2030年单位GDP能源消耗大幅下降。“十四五”时期，在非化石能源占能源消费总量比重达到20%的情况下，为使单位GDP二氧化碳排放下降18%，要求单位GDP能源消耗降低13%~14%。综合考虑经济增长和能源消费弹性变化趋势，“十四五”时期单位GDP能源消耗可降低13.4%~14.2%。据此，将单位GDP能源消耗降低目标值设定为13.5%。

3. 低碳受挫情景

低碳受挫情景（即情景 C），是情景 A 和情景 B 之间的一个折中情景。即节能减排政策的执行情况、经济结构的调整状况、能源效率的改进技术等均有所进展，但并没有达到预定目标。那么，将能源需求 5 个影响因素的增长速度设置为情景 A 与情景 B 的中间值。①经济增长：2023—2030 年 GDP 的年均增长速度为 5.68%；②总人口：2023—2030 年总人口数的年均增长速度为 0.28%；③产业结构：2023—2030 年工业占 GDP 比重的年均下降速度为 1.66%；④能源消费结构：2023—2030 年煤炭需求量占比的年均下降速度为 1.19%；⑤科技进步：2023—2030 年能源强度的年均下降速度为 9.34%。

能源需求各影响因素在 A、B、C 3 种不同情景设置下的变化速度如表 3-9 所示，各影响因素 A、B、C 3 种不同情景设置下的数据如表 3-10 所示。

表 3-9　2023—2030 年各变量增长速度的情景设置表

情景	年份	经济增长	总人口	产业结构	能源消费结构	能源强度
A	2023—2030	7.85%	0.38%	-0.31%	-0.88%	-5%
B	2023—2030	3.50%	0.17%	-3%	-2%	-13.50%
C	2023—2030	5.68%	0.28%	-1.66%	-1.19%	-9.34%

表 3-10　各影响因素在 A、B、C 3 种情景下的数据

年份	情景	能源消费量（y）（万吨标准煤）	GDP（x_1）（亿元）	总人口（x_2）（万人）	产业结构（x_3）（%）	能源消费结构（x_4）（%）
2023	A	1305208.465	141711.4650	47.55213000	55.70544000	0.423874689
2024		1407667.330	142249.9686	47.40471840	55.21523213	0.402680954
2025		1518169.215	142790.5184	47.25776377	54.72933809	0.382546906
2026		1637345.498	143333.1224	47.11126470	54.24771991	0.363419561
2027		1765877.120	143877.7883	46.96521978	53.77033997	0.345248583
2028		1904498.474	144424.5239	46.81962760	53.29716098	0.327986154
2029		2054001.604	144973.3371	46.67448675	52.82814597	0.311586846
2030		2215240.730	145524.2357	46.52979585	52.36325828	0.296007504

续表

年份	情景	能源消费量（y）（万吨标准煤）	GDP（x_1）（亿元）	总人口（x_2）（万人）	产业结构（x_3）（%）	能源消费结构（x_4）（%）
2023	B	1252564.452	141414.9975	46.26900000	55.35700000	0.386681719
2024		1296404.208	141655.4030	44.88093000	54.52664500	0.334479687
2025		1341778.355	141896.2172	43.53450210	53.70874533	0.289324929
2026		1388740.598	142137.4408	42.22846704	52.90311415	0.250266064
2027		1437346.518	142379.0744	40.96161303	52.10956743	0.216480145
2028		1487653.647	142621.1188	39.73276464	51.32792392	0.187255325
2029		1539721.524	142863.5747	38.54078170	50.55800506	0.161975856
2030		1593611.778	143106.4428	37.38455825	49.79963499	0.140109116
2023	C	1278886.459	141563.2313	46.91056500	55.53123042	0.405278204
2024		1351463.265	141952.5301	46.13419515	54.87041907	0.367425219
2025		1428158.805	142342.8996	45.37067422	54.21747125	0.333107704
2026		1509206.818	142734.3426	44.61978956	53.57229339	0.301995444
2027		1594854.305	143126.8620	43.88133204	52.93479303	0.273789070
2028		1685362.286	143520.4609	43.15509600	52.30487880	0.248217171
2029		1781006.596	143915.1421	42.44087916	51.68246044	0.225033687
2030		1882078.720	144310.9088	41.73848261	51.06744874	0.204015541

（二）预测

根据各指标不同增长速度的情景设置数据，采用 ET-SVM 融合预测模型，来预测我国能源需求，通过 MATLABR2023a 可以得到 2018—2022 年的能源需求的观测值，如表 3-8 所示。从表 3-8 中可以看出，基于 ET-SVM 的 f_{14} 融合模型的 S^2 较低，为 46.9021×10^7，说明模型稳定性较好。*MAPE* 较小，仅为 1.31%，说明预测精度较高，因而可以用于预测。2023—2030 年的预测结果如表 3-11 所示。预测趋势如图 3-13 所示。

表 3-11　基于 ET-SVM 的 f_{14} 融合模型的 3 种情景预测值

单位：万吨标准煤

年份	情景 A 预测值	情景 B 预测值	情景 C 预测值
2023	546555.17	539148.53	542878.60
2024	561021.65	546141.63	553668.16
2025	574832.78	552573.47	563891.03
2026	587801.27	558460.25	573492.12
2027	599701.77	563810.83	582407.08
2028	610267.92	568627.94	590561.72
2029	619191.14	572909.32	597871.57
2030	626122.39	576648.65	604241.66

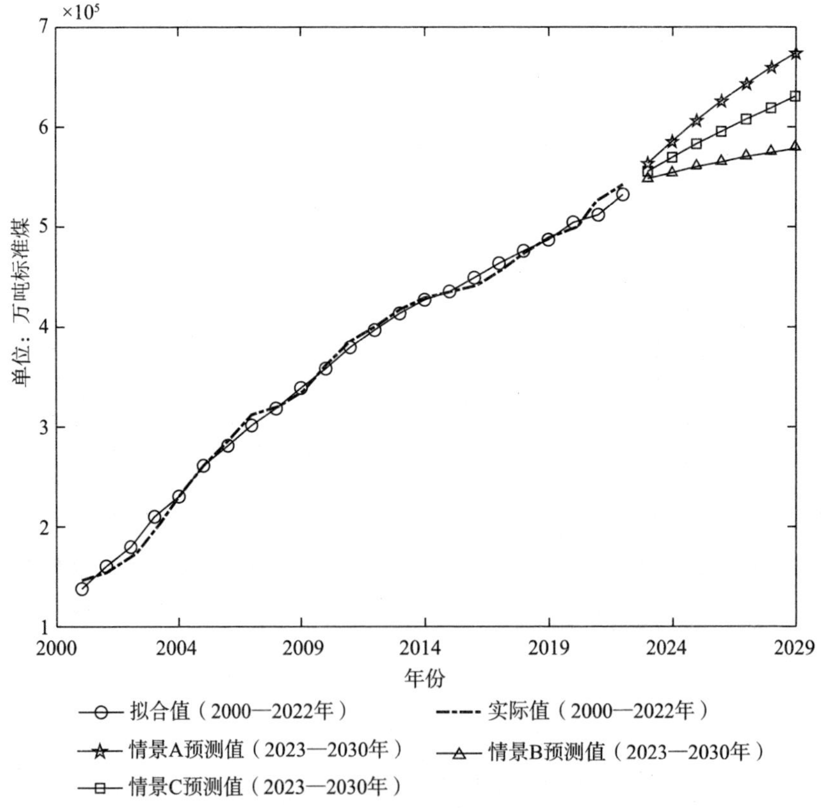

图 3-13　基于 ET-SVM f_{14} 融合模型的 2000—2030 年我国能源需求预测趋势

从图 3-13 中可以看出，能源需求量均呈上升趋势。未来几年，情景 A 的能源增长速度最快，情景 B 的能源增长速度最慢，而情景 C 介于情景 A 和情景 B 中间。

从表 3-11 的能源消费预测数据来分析，情景 A 中，按照过去的发展方式，继续以经济增长指标作为发展的主要驱动力，不考虑采取低碳减排等政策，我国能源需求量 2030 年将达到大约 626100 万吨标准煤。对于“碳达峰”，我国早在 2014 年的《中美气候变化联合宣言》中就首次提出了关于我国将在 2030 年实现“碳达峰”这一长远计划。相较于 2000—2013 年我国能源消费量的增长速度为 9.08%，2014—2022 年 2.96%的增长速度显著下降，未来 2023—2030 年的增长速度为 2.29%，能源需求增长速度仍然会继续下降。

情景 B 中，由于考虑了国家能源安全、自然环境压力和低碳发展要求的因素，是一种严格实现低碳的理想情景，经济增长速度、煤炭的比例以及工业部门的占比都大幅缩减。因此，能源消费量会明显降低，2030 年我国能源消费量将减少到约 576600 万吨标准煤，2023—2030 年的年均增长率仅为 0.97%，约为 2000—2022 年增速（6.10%）的 1/6。

情景 C 中，能源消费量的增长程度介于情景 A、情景 B 之间，2030 年我国能源消费量达到约 604200 万吨标准煤。2023—2030 年的年均增长率为 1.54%，约为 2000—2022 年增速（6.10%）的 1/4。

第五节　小　结

本章针对基于模型信息融合的预测问题，主要工作及结论如下：

（1）在定性分析我国能源需求影响因素，即经济增长、总人口、产业结构、能源消费结构和科技进步的基础上，采用通径分析的方法定量分析出经济增长、总人口、产业结构、能源消费结构和科技进步这 5 个影响因素对能源需求的解释能力高达99.8%，说明这5个因素是能源需求的主要影响因素。

（2）一方面，分别构建6个单因素和多因素的单一模型，即多项式曲线模型、幂函数模型、多元线性回归模型、GM（1，1）模型、RBF神经网络模型和BP神经网络模型。另一方面，针对同源信息融合预测中单一模型的遴选问题，引入了包容性检验方法（ET），并将其作为同源信息融合预测的遴选原则，遴选出的单一模型有多项式曲线模型和RBF神经网络模型。

（3）基于SVM模型构建能源需求非线性融合预测模型。研究发现：①相较而言，无论从*MAPE*还是S^2，基于ET-SVM融合模型的预测精度最高（1.31%），且模型稳定性好（$S^2=46.9021\times10^7$）。②将基于ET-SVM融合模型作为同源信息的融合预测模型，并分别在基准、低碳和低碳受挫3种情景下，对2023—2030年我国能源需求量进行预测。③预测结果显示，2030年的我国能源需求量分别达到626100万吨标准煤、576600万吨标准煤和604200万吨标准煤。

第四章　基于异源信息融合的我国能源需求预测

本章针对不规则事件等异源信息预测的问题，采用专家预测系统的方法来预测异源信息对我国能源需求的影响程度。在构建专家预测系统时，重点设计了知识库和推理机；分别在两种同源信息融合的情况下，采用专家预测系统对 2023 年异源信息对能源需求的影响程度进行预测；并将其作为同源信息融合预测值的调整依据，从而得到基于多源信息融合的我国能源需求预测值。

第一节　专家预测系统的构建

一、基本结构及机理

我国能源系统是个复杂的庞大系统，除了经济增长、人口数量等长期、确定性的因素影响能源需求变动之外，一些随机、外在的不规则事件等异源信息也会使能源需求产生波动性。因此，在能源需求预测中，为了提高预测性能，异源信息也应被考虑进来。由于传统预测模型无法拟合异源信息对能源需求的影响程度，因此，本章拟构建一个专家预测系统，结合大量专家的知识和经验，应用人工智能技术，对能源领域中异源信息对能源需求的影响程度进行推理和判断，从而模拟出人类专家的决策、预测过程。

（一）基本结构

专家预测系统是一个具有大量的原理性知识与专家经验的计算机程序系

统。它根据某领域多个专家提供的知识和经验，应用不确定性推理方法，进行推理、判断及估计，以模仿人类专家的决策过程来解决一些复杂的难题（林尧瑞，1988）。这些复杂的难题通常是非结构化的、不确定的或者无法通过智能算法解决的问题。专家预测系统将推理过程和原理性知识、专家经验等划分开来，并采用知识表示法来表示这些知识。专家预测系统已经突破了“数据结构+算法=程序”的传统程序模式，变成“知识+推理=系统”的应用系统模式。本章的专家预测系统采用最基本的结构形式，如图 4-1 所示。

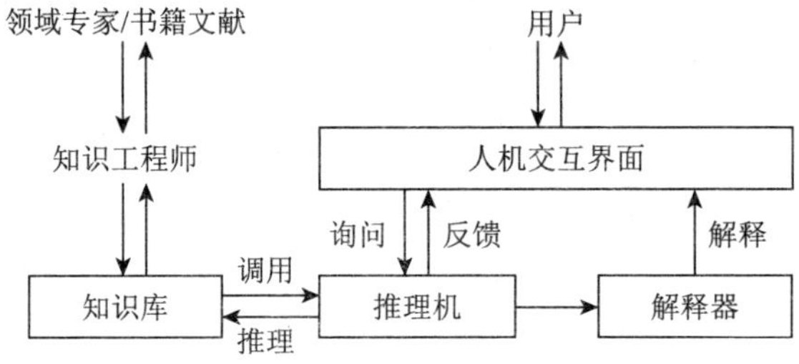

图 4-1　专家预测系统结构

从图 4-1 中可以看出，专家预测系统由 4 个模块组成：知识库、推理机、解释器、人机交互界面。其中，知识库、推理机和解释器构成了专家预测系统的核心部分。下面分别介绍 4 个模块的功能。

1. 知识库

知识库用于存储并管理某一领域的专家知识（包括原理性知识和经验性知识）、该领域中的历史事件、操作规则和可行性，等等。它与专家预测系统中其他模块相互独立，知识库中知识的增删、更新等操作不会影响整个系统。知识库中知识的数量和质量是评价专家预测系统预测性能好坏的重要指标，因此，知识库的设计是构建专家预测系统的核心任务。

2. 推理机

推理机是专家预测系统的执行模块。在一定的控制策略下，推理机从知识库中搜索并调用用来求解问题的知识，采用不确定性推理算法来模拟人类专家，并推理出近似专家思维的结论。推理的策略和方法的选择直接决定了专家预测系统执行性能的好坏。

3. 解释器

解释器被用于向用户解释专家预测系统所得出的结果及其整个推理过程，可以更方便地传授专家的知识。同时，也能为知识工程师维护系统提供方便。

4. 人机交互界面

人机交互界面是专家预测系统与用户之间进行信息交换的媒介，将用户输入的信息转换成计算机可接受并存储的内部形式，并把专家预测系统的推理结果及其推理过程呈现给用户。

（二）机理

从图 4-1 中可以看出，专家预测系统的内部流程是：用户将所要预测的年份，通过人机交互界面传输给整个专家预测系统。推理机根据所要预测的年份，首先，从知识库中甄别、筛选、匹配，得到异源信息的所有相关信息；其次，通过推理机对所有相关信息进行推理、预测；最后，将推理机推理演绎出的能源需求预测值通过人机交互界面反馈给用户。为了使用户进一步了解预测结果的形成过程，解释器会向用户作出解释。

在专家预测系统运行过程中，最基本的三个问题是知识获取、知识表示和知识运用（蔡自兴，2002）。其中，知识运用是专家预测系统中推理机进行不确定性推理的主要任务，通过对异源信息相关知识和数据的分析和推理来预测其对能源需求的影响程度。具体推理方法将在下文详细介绍。

1. 知识获取

知识获取，是针对某领域所要解决的问题，知识工程师通过调研、搜集、查阅等方式从拥有这些知识的知识源（领域专家、书籍文献）中获取相关的信息，并将这些信息通过知识编辑器转化成计算机可接受并存储的内部形式，存入专家预测系统的知识库。知识获取的基本任务就是为专家预测系统的知识库获取、更新、完善知识。这些知识不仅有数据信息，还包括文本信息。无论是针对诊断机器设备故障问题，还是针对不同的预测问题，除了需要一些精确的数据之外，一些重要的文本信息以及专家的原理性知识和经验性知识对于问题的解决也起着重要的指导作用。因此，知识获取是构建专家预测系统中知识库的关键。

本章所采用的知识获取方式是人工知识获取方式。如图 4-2 所示。

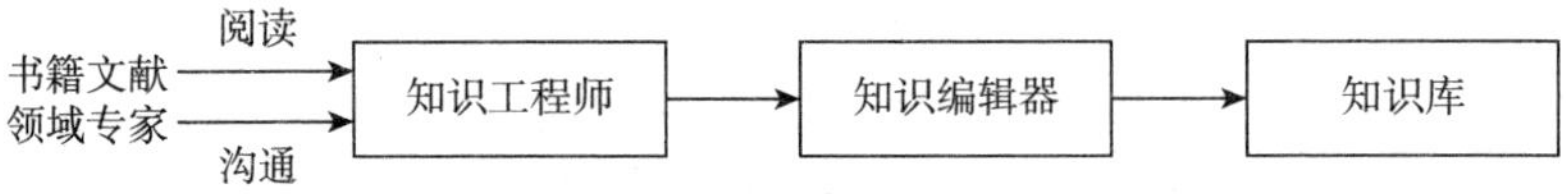

图 4-2 人工知识获取方式

人工知识获取方式通常由知识工程师与专家预测系统中的知识获取机制共同完成。一方面，知识工程师主要采用以下两种方式来获取：一是通过调研从能源领域专家处获取影响能源需求变动的所有不规则事件等异源信息、各类异源信息发生的所有征兆信息、各异源信息过去对能源需求的影响方式以及影响因子等原理性知识和经验性知识；二是通过搜集、查阅能源或经济方面的书籍、文献等资料来获取相关信息。另一方面，知识获取机制通过知识编辑器把所获取的知识转化成计算机可接受并存储的内部形式，并存入专家预测系统的知识库，对知识库的完善、更新和调试都由知识工程师来完成。

专家预测系统的知识获取步骤如下：

步骤 1：查阅专业书籍并搜集科技文献，掌握能源及相关领域的基本知识，深化并更新能源领域的专业知识。

步骤 2：深入研究影响能源需求变动的所有异源信息、发生异源信息的所有征兆信息以及各异源信息的发生概率、影响机理、影响因子等具体知识，并对各类具体知识进行梳理、统计、分析。

步骤 3：访问能源及相关领域专家，获取资深的领域知识和历史经验，进一步完善知识库的内容，巩固并强化知识库的权威性。

步骤 4：将获取的所有知识概念化、数字化、形式化，使计算机可识别并存储。

2. 知识表示

知识表示就是在知识获取中将所有信息通过知识编辑器转化成计算机可接受并存储的内部形式，并存储在知识库中。知识表示法直接影响着专家预测系统的推理执行效率及应用范围。因此，应针对要解决的不同问题选择合适的知识表示法。目前，常见的知识表示法主要有产生式规则表示法、谓词逻辑表示法、语义网络表示法、框架表示法、面向对象表示法等。

知识表示法有很多，本章则采用产生式规则表示法。产生式规则是 1943 年由美国数学家波斯特（Post）提出的。波斯特根据替换规则提出了相应的数学模型，该模型中的每一条规则都被认为是不同的产生式。反过来，产生式也被称为规则或产生式规则。产生式规则用来表示具有因果关系的知识。其基本形式是：IF 条件，THEN 结论。其中，条件是指前提，即该产生式规则是否可用的前提；结论是指动作，即满足前提的条件下所得到的结论或应该执行的操作。

本章采用产生式规则来表示知识，主要从以下三点考虑。

第一，对能源领域知识的充分表示。由于领域专家对该问题的认识都是基于不同的专业背景和经验，因此，异源信息的相关知识比较松散、杂乱。而产生式规则不仅能表示确定性知识和不确定性知识以及启发式知识和过程性知识，又可以全面、准确地反映知识的实际内涵以及知识间的结构关系。

第二，具有合适的数据结构。产生式规则是一组独立的动作集合表示，各规则之间不能相互调节，因此，在提取相关信息时，知识库中存放的知识容易被分离出来。另外，也便于知识工程师对规则进行增删和修改。

第三，便于知识的运用。产生式规则采用“匹配—动作”的控制策略，便于推理机利用知识进行推理。另外，它与人的思维过程相似，直观、自然，便于被推理、阅读、解释。

二、知识库设计

专家预测系统的关键在于知识库的建立，知识库中信息的完善、准确程度决定了该系统的预测能力。在本章的专家预测系统中，知识库包含知识工程师和能源领域专家的专业知识（包括原理性知识和经验性知识）、过去异源信息影响能源需求的分析文本、异源信息发生的征兆信息、领域专家等对异源信息发生及其对能源需求影响程度的主观判断数据、能源领域有关的专业知识和科技文献，等等。值得说明的是，随着时间的推移，所有信息都在不断变化，因而知识工程师需要根据不断发生的事件及其相关信息，来持续更新、调整知识库。知识库数据表结构如表4-1所示。

表4-1　知识库的数据表结构

序号	字段名	字段描述	数据类型	长度	为空	字段说明	默认
1	KnowledgeId	知识编号	Varchar	36	Not	主键	自动生成
2	Years	时间	Datetime		Not	描述事件发生时间	—
3	EventName	事件名称	Varchar	50	Not	描述事件名称	—
4	AF	AF值	Decimal（18，2）		Not	描述事件发生对能源需求上升的影响因子	—
5	NF	NF值	Decimal（18，2）		Not	描述不发生该事件对预测目标的影响程度	1.00
6	P（I）	事件概率	Decimal（18，2）		Not	描述事件发生概率的大小	—

限于篇幅，本章只介绍推理机中需要用到的知识库的相关信息，即异源信息的情况说明、异源信息对能源需求影响程度的文本信息、异源信息发生的表征现象及领域专家对相关信息的主观判断数据等。

（一）异源信息的收集

改革开放40多年来，我国的经济社会转型迅速，不规则事件等异源信息在不同的历史阶段对我国能源需求的影响不尽相同，但通过历史相关信息的分析可以发现，类似事件总是具有相近的影响模式和影响强度，这就需要根据以往事件的特性，充分利用专家知识对其进行归类和分析，以便为能源需求的预测提供参考。因此，本书对影响我国能源需求的不规则历史事件等异源信息进行回顾，并梳理出以下 5 类事件，即战争类、金融危机类、自然灾害类、政策类、疫情类。

1. 战争

（1）海湾战争（1990—1991 年）

1990 年 8 月，时任伊拉克总统的萨达姆·侯赛因发动了对科威特的入侵。在联合国谴责决议无效后，以美国为首的多个国家的联合部队共同对科威特境内的伊拉克部队及其本土军事设施进行攻击，一个多月后，科威特解放。由于这次战争持续的时间较短，所以，对伊拉克油田造成的破坏是有限的。因此，战争结束后，国际能源价格快速波动的趋势立即回暖，受油价变化影响较大的企业的股票大涨，其行业也扩大生产，消费呈现大幅增加的趋势。从我国国情来看，虽然我国对科威特的石油进口依存度较大，但是，海湾战争对我国能源影响不大，原因主要有两方面：一方面，海湾战争期间，欧佩克允许其成员国超配额产油，直接导致欧佩克成员国超出配额的产油量远高于战争前科威特和伊拉克二国的产量，对我国石油进口的供给量未产生影响。另一方面，改革开放以来，我国的能源工业取得了较快进展。能源供给方面，1991 年，我国一次能源总产量达到 10. 47 亿吨标准煤，其中原煤产量 10. 9 亿吨、原油产量 1. 4 亿吨、天然气产量 153. 3 亿立方米、水电发电量 1235 亿千瓦·时。能源消费需求方面，1991 年，我国能源消费总量为 10. 38 亿吨标准煤，其中煤炭 7. 9 亿吨、石油 1. 8 亿吨标准煤、天然气 1533 亿立方米、水电 1235 亿千瓦·时（李正信，2003）。也就是说，20 世纪 90 年代我国能源消费量大部分是依靠国内供给，因此，海湾战争对我国当时的能源影响不大。

（2）伊拉克战争（2003 年）

2003 年 3 月 20 日，以英美军队为主的联合部队对伊拉克发动了军事行动。美国以伊拉克藏有大规模杀伤性武器和暗中支持恐怖分子为由，绕开联合国安理会，单方面对伊拉克实施军事打击。其实质是借反恐时机，以伊拉克拒绝交出子虚乌有的生化武器为借口，趁机清除反美政权的战争。这次战争实际上是1990—1991年海湾战争的延续，所以这次战争也被称为“第二次海湾战争”（安惠侯，2003）。在当今经济全球化的大背景下，国家与国家之间经济上呈现前所未有的密切联系。因此，伊拉克战争不仅对美伊两国的经济产生影响，更是对世界经济产生了极大的影响。这次战争对世界经济的影响主要体现在油价方面，从而造成了对能源消费的剧烈影响。但对中国经济的直接影响较小，影响程度也比较有限。其原因有二：一方面，由资源禀赋决定的我国以煤炭为主的能源消费结构。多年来，石油消费总量占我国能源消费总量的比重不足1/4。因此，石油价格的变动并不能完全代表能源价格的变动。另一方面，我国石油进口量占能源消费总量的比重约为7%，进口率仅三成，石油消费的绝大部分仍然来自国内供给。同时，随着技术的发展，我国石油的可采储量也在增多，相当一段时间内，石油资源短缺的问题并不严重。因此，在中国经济波动不大的情况下，中国国内的能源需求变化也相对甚微。

2. 金融危机

（1）亚洲金融危机（1997—1998年）

1997年7月，亚洲金融危机席卷马来西亚、新加坡、日本、韩国和中国等亚洲各地。这场危机很快便打破了亚洲许多国家经济快速发展的景象，经济增长率由之前的5%迅速于1998年变为负增长。随着经济的逐渐萧条，以石油为主的能源需求出现严重不足，而中国在这场金融风暴中也承受了巨大的压力，但由于前几年采取了一系列防范金融风险的措施，加上实行了较为谨慎的金融政策，经济增长虽然在危机中受到直接影响，但是并不显著，经济增长速度仍然在增加，只是有所减缓。能源需求的增长速度也从1997年的3.06%下滑到1998年的0.20%，这是首次由于经济发展缓慢而引起的能源需求增速下降。

（2）美国次贷危机（2008年）

2006年春季，美国次贷危机初露端倪；2007年8月开始席卷美国、欧盟以及日本等国际上主要的金融市场，直到2008年下半年全面爆发，成为对世界范围经济造成重大影响的金融危机，使得世界主要国家的经济开始出现衰退，能源需求也随之减少。次贷危机对我国经济的主要负面影响是外贸出口量急剧下降，依靠出口来拉动经济增长的方式不再可行，从而加重了工业品供过于求的现象（沈联涛，2008）。由于工业部门是我国能源消费的主要力量，因此，工业经济发展的限制直接减缓了能源消费量的增长速度。从历史数据来看,我国能源需求量的增长速度从 2007 年的 8.44%降至 2008 年的 3.90%。

3. 自然灾害

2008 年 1 月，我国南方地区遭受暴雪、冰冻袭击，大面积出现断电限电、交通阻塞、食品价格暴涨、供水供气困难等现象，对 1 月、2 月的工业生产产生较大影响，造成大约 1516 亿元人民币的直接经济损失，占 2007 年 GDP 的比例略高于 0.6%。可见，2008 年初的南方雪灾造成了一定的经济影响，能源消费也有所下滑。然而，2008 年下半年的灾后重建出现大量的基建需求，如电力设备、铁路设备、钢铁、建材等行业，这导致投资以及工业生产出现报复性的增长，能源消费快速增加。因此，2008 年的能源消费较之前并未因自然灾害有较大的变化。

4. 政策

本书中，政策主要指影响我国能源供需形势的一系列方针和政策。我国的能源政策包括能源开发投资政策、能源工业政策、能源技术装备政策、能源价格、税收/信贷政策、能源消费政策、能源进出口政策、能源外交政策、新能源政策、低碳政策、能源安全政策，等等（杜坤杰，2008）。国家政策的宏观干预会对能源需求的变化趋势产生不同程度的影响，比如，石油进出口政策的调整、支持新能源政策、能源消费市场化等政策措施。这些不同程度的影响根据政府参与力度的不同可分为温和型、综合型和强制型。本章研究的不规则事件主要是指短期内造成能源需求波动的事件，因此，在此主要指强制性政策，如采用限制性能源的政策等。

5. 疫情

2019 年 12 月暴发的新冠疫情，属于突发公共卫生事件，此次疫情导致全球煤炭需求大幅减少。据国际能源署（IEA）估算，全球 2020 年的煤炭需求增长率下跌至 6.7%；我国能源需求增长率下降至 2.22%，与 2000—2022 年年均增长率（6.10%）相比，能源需求增长率下降了近 4 个百分点，能源需求增长严重减缓。能源需求增长率下降主要是因为疫情隔离导致企业停工，但经过积极的疫情调控，企业有序推进复工复产，至 2021 年，我国能源消费需求基本恢复正常，增长速度保持在 5.54%左右，因此，新冠疫情并未对我国经济基本面产生太大影响，对中长期能源消费需求影响不大。

（二）异源信息的影响程度

由上文可知，上述不规则事件等异源信息具有异源性和不确定性的特点，针对这些特点，汪寿阳（2006）、余乐安教授在进行不规则事件对国际油价波动影响分析与预测时，将历史发生的重要事件分为六大类 25 小类，并邀请领域专家或根据历史事件推导来给出这些事件影响的合理区间。本章为了得到更具体的预测结果，借鉴了季托对影响石油价格的不规则事件编写的量化表，设定两个指标作为异源信息对能源需求影响程度的衡量标准，即规模大小和持续时间（季托，2011）。依据以 10 分为满分的原则，进行级别程度的量化分值判断，分值判断参考如表 4-2 所示，还可根据实际情况进行细化。

表 4-2　异源信息对能源需求影响的量化分值参考表

事件	指标	级别程度	量化值
战争、革命、金融危机、自然灾害/疫情	规模大小	大	（+/-）6.5
		一般	（+/-）3.7
		小	（+/-）1.3
战争、革命、自然灾害/疫情、金融危机、短期强制政策	持续时间	长期	（+/-）3.5
		中期	（+/-）1.7
		短期	（+/-）0.6

根据异源信息的特征及属性，将影响能源需求的重要事件按规模大小和

持续时间两类指标进行划分。通过专家访谈，采用10分制原则构建出异源信息对能源需求影响的量化分值参考表，并存入知识库中。在专家预测系统具体操作的过程中，领域专家需要结合表4-2和观察到的实际情况，并通过原理性知识和经验性知识，得出所有异源信息对能源需求影响程度具体的判断值，再通过推导公式来转化成推理机可识别、运用的数据。

（三）异源信息发生的征兆信息

通过对影响我国能源需求的所有异源信息的梳理，将异源信息分为四大类，即战争类、金融危机类、灾害类、强制性政策类。虽然异源信息的发生具有不确定性，但是一些异源信息发生前通常会呈现出征兆信息，即预兆现象，如战争类和金融危机类。本书通过文本搜索及信息挖掘，将战争和金融危机的征兆信息进行梳理、总结，并由领域专家对事件发生的概率大小作出判断。

1. 战争类

虽然历来战争的发生原因、战争的形态和发生的强度等都不一样，战争形态处于不断演变发展之中，未来的战争也很难把握，但是，任何战争都要经历一个从酝酿到爆发不断发展变化的过程。这个过程中战争爆发的征兆信息会呈现出要素日增、信号逐渐明确的特征。这些信息特征的捕捉无须借助特工、卫星、破译等秘密工具或先进武器，可以通过常识、观察和分析来判断。按战争爆发的时间和发生的强度，战争征兆主要包含以下六方面内容。

（1）宣告外交失败

宣告外交失败，主要是指此前围绕相关组织或国家之间的争端而展开的一系列外交活动，如外交调查、调解、谈判等正式宣告失败，从而放弃做进一步努力，使组织或国家间的矛盾变得更加不可调和，以至只能通过军事途径来解决。相应地，还有一些微观的征兆，如中断外交关系、关闭驻外使馆、停止交通往来、撤离本国侨民等。如1990年8月，美国政府曾在伊拉克入侵科威特后开展了一系列外交斡旋活动，但均未使伊拉克退兵。1991年，美国等西方国家于1月10日前完成了对巴格达侨民的撤离，其他国家的使馆和侨民也开始紧张撤离。上述现象发生后不久，正如人们所预料的那样，战争爆发。

（2）提高军事戒备

提高军事戒备，主要指相关组织或国家超常提升其军队的戒备等级，并命令全体或部分部队进入临战状态。同时，相关部队会停止全体军人的休假并召回休假成员，迅速补充战备物资并转入作战编制，随时准备接受指令出动。如早在俄罗斯格鲁吉亚战争前的2008年7月，俄罗斯军队就对美格联合的军事演习心生警惕，因此在结束“高加索-2008”演习后，令其第58集团军继续留驻演习区域，在接到命令后2小时20分钟内完成一切作战准备，并随时准备实施越境行动。

（3）实施战争动员

实施战争动员，主要指相关组织或国家大量地征召预备役人员入伍并迅速将其转为现役，并将国内的政治、经济和社会等领域局部或全部转入战时运行与管理体制。其中，一系列微观征兆包括命令预备役人员限时到指定地点报到、对全国或区域实施战时管制、宣布强制征用特定物资、指令相关工厂转入战时生产以及限制媒体一定的新闻自由等。如第三次中东战争爆发前，以色列军队提前大约一个月的时间发布了动员部分预备役的命令，几天后又下达了大规模的动员命令，又过几天则下达了全面动员令。此后不到两周时间，战争拉开帷幕。

（4）展开武装力量

展开武装力量，主要是在前线大规模地集结与部署任务部队和输送相应装备，并按任务和方向展开。根据不同战争规模，这种展开是三军全面展开、任务部队分别展开、若干兵器和物资的必要展开，其目的都在于确保军事力量能够按要求进行作战任务。如第四次中东战争爆发前，埃及军队在苏伊士运河西岸展开了5个步兵师、2个机械化师、2个装甲师和若干独立旅，叙利亚军队在戈兰高地东侧展开了3个步兵师、2个装甲师和若干独立旅。海湾战争前，多国部队在海湾地区共集结了7艘航母、2778架飞机和68万兵力。海湾战争和阿富汗战争爆发前，美军B-52战略轰炸机频繁起降、临时转场并向相关基地紧急运送50万桶航空燃油。这些举动都意味着战争已进入倒计时阶段。

（5）下达最后通牒

下达最后通牒，指由一国元首或政府首脑或者有关组织的主要负责人，通过报纸、广播、电视等新闻媒介或送交书面文件等外交方式，向目标组织或国家发出通牒，要求对方在限定时间内接受条件或者履行义务，否则将对其实施相关制裁甚至军事惩戒。如2002年伊拉克战争爆发前，美国政府先是在联合国大会上指控伊拉克拥有大规模杀伤性武器，随后由美国参众两院一致授权政府武力解决问题。2003年3月18日，小布什总统向伊拉克下达最后通牒，要求萨达姆在48小时内离开伊拉克，否则将发动战争。战争果然于2003年3月20日凌晨时分正式爆发。

（6）实施敌对行动

实施敌对行动，指一个国家或组织针对对手进行一些针对性极强，甚至在很大程度上带有挑衅和强制特征的军事活动，如模拟军事演习、强电子干扰、海空军事封锁、零星枪击或炮击等。如北约军队在正式介入利比亚战争前，就借助联合国安理会通过了在利比亚设立“禁飞区”的决议，授权“有关国家”可采取一切必要措施保护利比亚平民和平民居住区免受武装袭击的威胁。而法国在该决议仅通过数小时后，就率先向利比亚政府军发起了进攻。同样参与这次战争的英国，更是早在利比亚爆发骚乱之初就积极倡导设立“禁飞区”并进行军事干涉。在这个意义上，可以说联合国安理会的投票日程几乎变成了相关国家发动战争的启动日程。另外，在近几十年里，美军所发动的每一场战争中，电子压制、心理攻击、特种部队潜入破坏等军事活动基本上都成为战争固定的揭幕项目。

通过对战争爆发前征兆信息的梳理，本书假设在这6类征兆信息同时出现的情况下，一定爆发战争。在这6类信息中，不同的征兆信息对战争爆发的贡献度大小不同。通过专家的访谈，得出战争的6类征兆信息贡献度的参考表（见表4-3）。

表4-3　战争的6类征兆信息贡献度参考表

事件	征兆信息	贡献度
战争	宣告外交失败	1.7
	提高军事戒备	1.6
	实施战争动员	1.2
	展开武装力量	1.8
	下达最后通牒	1.7
	实施敌对行动	2.0

通过表4-3可以看出，这6类征兆信息对战争爆发的贡献度不同，若它们同时出现，对战争爆发的贡献度为1，则可判断出战争一定爆发。在专家预测系统具体操作的过程中，领域专家需要结合表4-3和观察到的实际情况，并通过原理性知识和经验性知识及推导公式来判断出战争爆发的概率值。

2. 金融危机类

20世纪以来，世界范围内共发生过三次规模较大、影响范围较广、破坏性较大的世界性金融危机，分别是1929年的经济大崩溃、1997—1998年的亚洲金融危机以及2008年开始且仍在发生的美国次贷危机。

第一次金融危机发生于1929—1933年，是资本主义发达国家开始大规模的固定资本更新和“产业合理化”运动，生产快速扩张而形成的供大于求的局面，引发并激化资本主义社会的基本矛盾，直到1929年10月24日美国纽约股市大幅暴跌，从而引发了大危机的爆发。危机从美国开始，迅速扩散至加拿大、日本等主要金融国家，直至世界各国，其间各国的农业危机与工业危机交替爆发，农业生产快速衰退，农副产品价格大幅下跌。与此同时，工业生产急剧下降，失业率高达30%，国际贸易也严重萎缩，货币纷纷出现贬值，金本位制也被陆续废止，资本主义国际金融陷入混乱之中。

第二次金融危机发生于1997—1998年，由泰国等东南亚国家之间泰铢贬值引起，迅速席卷马来西亚、新加坡、中国以及日本等国，打破了亚洲地区经济上升的势态，令其快速走上萧条的道路。此次危机持续近 1 年半时间，大体分为 3 个阶段。第一阶段：1997 年 7 月 2 日，泰国宣布放弃固定汇率制，实行浮动汇率制，引发了一场遍及东南亚的金融风暴；第二阶段：1998 年年初，印度尼西亚金融风暴再起，面对有史以来最严重的经济衰退，国际货币基金组织为印度尼西亚开出的药方未能取得预期效果；第三阶段：1998 年 8 月初，趁美国股市动荡、日元汇率持续下跌之际，国际炒家对中国香港发动新一轮进攻。

第三次金融危机始于 2008 年，由美国次贷危机引起，并迅速蔓延到其他国家成为全球金融危机。此次危机起源于 2007 年 8 月美国次级房屋信贷危机爆发后，投资者开始对按揭证券的价值失去信心，引发流动性危机。即使多国中央银行多次向金融市场注入巨额资金，也无法阻止这场金融危机的爆发。直到 2008 年，这场金融危机开始失控，并导致多家大型金融机构倒闭或被政府接管（姜爱林，2009）。

这三次金融危机存在的普遍共同点是：产品大量积压、企业纷纷倒闭、生产大幅下降、失业人数剧增以及信用关系被严重破坏等。产生金融危机的根源是生产的社会性与占有制的局部性这一资本主义经济的基本矛盾（张作云，2009）。通过金融危机的分析，结合已有文献的评析，将这三次金融危机征兆总结为以下 7 个典型特征，分别是经济持续多年高增长、外部资金大量流入、国内信贷快速增长、普遍的过度投资、股票等资产价格快速上涨、贸易持续逆差并不断恶化、货币普遍被高估。其中，1997 年与 2008 年两次国际金融危机的发生有 3 个共同原因，分别是全球经济的一体化、国际金融市场的内在不稳定性、流动性过剩且资本流动水平过高。在现代货币信用机制下，信息的不对称导致危机的发生，只要现代市场经济存在，市场经济所固有的货币信用机制就可能导致金融危机。

通过对金融危机征兆信息的梳理，本书假设在这 7 类征兆信息同时出现的情况下，一定发生金融危机。在这 7 类信息中，不同的征兆信息对金融危机爆发的贡献度大小不同。通过专家的访谈，得到了金融危机的7类征兆信息贡献度的参考表（见表4-4）。

表4-4　金融危机的7类征兆信息贡献度参考表

事件	征兆信息	贡献度
金融危机	经济持续多年高增长	0.8
	外部资金大量流入	1.5
	国内信贷快速增长	0.8
	普遍的过度投资	2.1
	股票等资产价格快速上涨	2.1
	贸易持续逆差并不断恶化	1.5
	货币普遍被高估	1.2

通过表4-4可以看出，这7类征兆信息对金融危机发生的贡献度各不相同，若它们同时出现，对金融危机发生的贡献度为1，则可判断出一定发生金融危机。

三、推理机设计

推理机是专家预测系统中实现知识运用的模块，主要用来进行不确定性推理。不确定性推理是一种基于非经典逻辑的推理方式，其目的是充分利用先验的不确定性信息，将不确定性转化为合理的确定性，进而为修正所要解决的问题提供有效的理论基础。而专家预测系统求解的问题通常具有不良结构，因此，以经验为基础的不确定性证据，就可以通过有效的理论基础，将专家的认识转化为符合问题要求的结果。

随着专家预测系统研发的不断深入，其推理机的不确定性推理方法也不断增加，主要有主观贝叶斯法、模糊推理法、语义网络推理法等。无论是哪种推理方法，都需要有3个步骤，即问题的表示、问题的计算和问题的语义。问题的表示是指采用什么方法来描述所要解决的不确定性问题。问题的计算是指对所要解决的不确定性问题进行运算和更新。问题的语义是指对计算问题的过程予以解释说明。为了更好地预测异源信息对能源需求的影响程度，本章采用主观贝叶斯法来进行不确定性推理。该方法的推理过程如下。

设有事件 B_1，B_2，…，B_n 互不相容，$B_1+B_2+\cdots+B_n=\Omega$（全集），事件 A 只能与 B_1，B_2，…，B_n 中的一个同时发生，$P(B_i)>0$（$i=1, 2, \cdots, n$），$P(A)>0$，那么，贝叶斯公式可表示为：

$$P(B_i|A)=\frac{P(A|B_i)P(B_i)}{\sum_{j=1}^{n}P(A|B_i)\cdot P(B_j)} \qquad i=1, \cdots, n \tag{4.1}$$

式（4.1）中，$P(B_i)$ 为先验概率，$P(B_i|A)$ 为后验概率，B_i 互不相关。贝叶斯公式的目的就是利用先验概率推导得到后验概率，然而，$P(A|B_i)$ 和 $P(B_j)$ 的求解十分困难，因此，很难直接运用贝叶斯公式来求解。本章则选取主观贝叶斯法来克服这一困难。

主观贝叶斯法通常引入两个有效度量数值（AF，NF），AF 代表规则成立的充分性，NF 代表规则成立的必要性。这样，既可以考虑 A 的出现对 B 的支持，又可以考虑 A 的不出现对 B 的影响。对 AF 和 NF 的度量如下：

$$AF=\frac{P(A|B)}{P(A|\bar{B})} \tag{4.2}$$

$$NF=\frac{P(\bar{A}|B)}{P(\bar{A}|\bar{B})} \tag{4.3}$$

在此基础上，建立概率函数：

$$F(X)=\frac{P(X)}{1-P(X)} \tag{4.4}$$

式（4.4）中，$P(X)$ 是指证据 X 出现的概率，$1-P(X)$ 是指证据 X 不出现的概率，$F(X)$ 表示二者的比例。从式（4.4）中可以看出，$F(X)$ 与 $P(X)$ 呈正相关关系，即随着 $P(X)$ 的增加而增加。

当 $P(X)=0$ 时，有 $F(X)=0$；

当 $P(X)=1$ 时，有 $F(X)=\infty$。

于是就有：当 $P(X)$ 的取值范围为［0，1］时，$F(X)$ 的取值范围则被放大为［0，∞］，不难验证：

$$F(B \mid A) = AF \cdot F(B) \tag{4.5}$$

$$F(B \mid \bar{A}) = NF \cdot F(B) \tag{4.6}$$

AF 表示 A 对 B 的支持程度，即 $A \to B$ 成立的充分性，取值范围是［0，∞］，AF 的取值是由专家凭借领域内的原理性知识和经验性知识给出；NF 表示 A 不成立时，对 B 的支持程度，表示 $\bar{A} \to B$ 成立的充分性，取值范围为［0，∞］，也是由专家凭借领域内的原理性知识和经验性知识给出。

在主观贝叶斯法中，采用产生式规则，即"if… then…"的方法来表示知识。$P(B)$ 是专家给出的先验概率，主观贝叶斯的推理过程是由 $P(A)$、$P(B)$、AF 和 NF 求解 $P(B \mid A)$ 或 $P(B \mid \bar{B})$ 的过程。然而，一条规则的前项有可能确定出现，也可能确定不出现，或者不完全确定。另外，在不同情况下，后验概率的求解方法也不相同，以下分别进行讨论。

①证据 A 确定出现时，即 $P(A) = 1$，可直接用：

$$F(B \mid A) = AF \cdot F(B) \tag{4.7}$$

$$F(B \mid \bar{A}) = NF \cdot F(B) \tag{4.8}$$

如果需要以概率的形式表示，再由式（4.9）转化得出 $P(B \mid A)$ 和 $P(B \mid \bar{A})$。

$$P(X) = \frac{F(X)}{1 + F(X)} \tag{4.9}$$

②证据 A 确定必不出现时，即 $P(A) = 0$，则采用和以上类似的方法求出：

$$F(B \mid \bar{A}) = NF \cdot F(B)$$

③当 A 不完全确定时，即 $0<P(A)<1$ 时，则不能用上面的公式计算后验概率，可用 Duda 于 1976 年给出的公式：

$$P(B \mid A') = P(B \mid A) \cdot P(A \mid A') + P(B \mid \bar{A}) \cdot P(\bar{A} \mid A') \quad (4.10)$$

其中，A'表示观察到的所有与A有关的信息。分以下4种情况：

第一种情况：当$P(A \mid A') = 1$时，$P(\bar{A} \mid A') = 0$。证据A一定出现，于是有：

$$P(B \mid A') = P(B \mid A) = \frac{AF \cdot P(B)}{(AF - 1) \cdot P(B) + 1} \quad (4.11)$$

这就是证据肯定存在的情况。

第二种情况：当$P(A \mid A') = 0$时，$P(\bar{A} \mid A') = 1$。证据A一定不出现，同样可有：

$$P(B \mid A') = P(B \mid A) = \frac{NF \cdot P(B)}{(NF - 1) \cdot P(B) + 1} \quad (4.12)$$

这就是证据肯定不存在的情况。

第三种情况：当$P(A \mid A') = P(A)$时，A'对A没有影响，通过全概率公式，则有：

$$\begin{aligned} P(B \mid A') &= P(B \mid A) \cdot P(A) + P(B \mid \bar{A}) \cdot P(\bar{A}) \\ &= P(BA) + P(B \cdot \bar{A}) \\ &= P(B) \end{aligned} \quad (4.13)$$

第四种情况：当$P(A \mid A')$取值为$(0, 1)$时，可以通过以上的线性插值法得出。

④
$$\begin{aligned} P(A_1 \cap A_2 \mid A') &= \min\{P(P_1 \mid A'_1),\ P(P_2 \mid A'_1)\} \\ P(A_1 \cup A_2 \mid A') &= \max\{P(P_1 \mid A'),\ P(P_2 \mid A')\} \end{aligned} \quad (4.14)$$

⑤若$A_1 \to B$，$A_2 \to B$，A_1、A_2相互独立，观察到与A_1、A_2的有关信息分别为A_1'、A_2'，于是有：

$$F(B \mid A'_1 \cap A'_2) = \frac{F(B \mid A'_1)}{F(B)} \cdot \frac{F(B \mid A'_2)}{F(B)} \cdot F(B) \quad (4.15)$$

第二节　基于专家预测系统的异源信息拟合

一、拟合

根据专家预测系统知识库中的信息，2003 年发生伊拉克战争，2008 年发生美国次贷危机。由领域专家结合原理性知识和经验性知识，根据异源信息的量化分值参考数据，给出异源信息对能源需求增长的影响因子。归纳知识库中 2003 年、2008 年影响能源需求变动的有关信息，如表 4-5 所示。

表 4-5　2003 年和 2008 年的知识库信息

年份	编号	异源信息	*AF*	*NF*
2003	I_a	伊拉克战争	0.70	1.00
2008	I_b	次贷危机	0.98	1.00
2020	I_c	疫情	0.85	1.00

表 4-5 中，AF 表示发生异源信息对能源需求增长的影响因子；NF 表示不发生异源信息时对能源需求增长的影响因子；I 为异源信息，I_a、I_b 表示影响能源需求变动的两类异源信息；用 R 表示能源需求上升，$P(R)$ 表示能源需求上升的概率。

通过专家预测系统中的不确定性推理，在同源信息融合预测的基础上，拟合这两个异源信息对我国能源需求的影响程度，如下所示。

假设不考虑任何异源信息的影响，根据基于同源信息融合的拟合结果可得到，2003 年能源需求上升幅度是 16.33%，即先验概率 $P(R)$ 是 0.1633。

当有异源信息 I_a 必然发生时，计算 $P(R)$ 的变化情况，由主观贝叶斯法的推理规则知：

（1）由 $P(R)=0.1633$，运用公式（4.4）得出

$$F(R)=\frac{P(R)}{1-P(R)}=\frac{0.1633}{1-0.1633}=0.1952$$

（2）$F(R\mid I_a)=AF_{I_a}\times F(R)=0.70\times 0.1952=0.1366$

式中，$F(R\mid I_a)$ 表示发生伊拉克战争影响能源需求变化概率的演化值。由此可得：

$$P(R\mid I_a)=\frac{F(R\mid I_a)}{1+F(R\mid I_a)}=\frac{0.1366}{1+0.1366}=0.1202$$

式中，$P(R\mid I_a)$ 表示发生伊拉克战争对能源需求影响的增长幅度为 12.02%。

同理，可得到异源信息 I_b（即次贷危机），于 2008 年对能源需求影响的增长幅度，即 $P(R\mid I_b)$，如表 4-6 所示。

表 4-6　异源信息波动幅度表

年份	I_n	$P(I_i)$	$F(R\mid I_i)$	$P(R\mid I_i)$
2003	I_a	1	0.1366	12.02%
2008	I_b	1	0.0575	5.44%
2020	I_c	1	0.0315	3.05%

由表 4-6 可知，伊拉克战争、美国次贷危机和疫情分别于 2003 年、2008 年、2020 年对我国能源需求影响的增长幅度为 12.02%、5.44%和 3.05%。再用这 3 个幅度值分别对同源信息融合中 2003 年、2008 年和 2020 年的拟合结果进行调整，从而得到这 3 个异源信息分别于 2003 年、2008 年和 2020 年对能源需求影响程度的拟合值，如式（4.16）~式（4.18）所示。

$$\Delta y_{2003}=P(R\mid I_1)\times y_{2003}=12.02\%\times 181175.0=21777.2 \quad (4.16)$$

$$\Delta y_{2008}=P(R\mid I_2)\times y_{2008}=5.44\%\times 301893.5=16422.9 \quad (4.17)$$

$$\Delta y_{2020}=P(R\mid I_2)\times y_{2020}=3.05\%\times 487199.69=14859.6 \quad (4.18)$$

二、结果分析

在同源信息融合预测的基础上，得到异源信息于2003年、2008年和2020年对能源需求影响程度的拟合值。为了检验异源信息拟合的有效性，将其作为同源信息融合情况的调整，形成基于多源信息融合的拟合值，从而与能源需求实际值作对比。

根据上页计算公式可以得到这3个异源信息在同源信息融合预测的基础上，分别于2003年、2008年、2020年对能源需求的影响程度分别为21777.2万吨标准煤、16422.9万吨标准煤、14859.6万吨标准煤。将其作为同源信息融合结果的调整，从而得到基于多源信息融合的拟合值，如表4-7所示。

表4-7　基于多源信息融合的我国能源需求拟合值

单位：万吨标准煤

年份	实际值	同源信息融合拟合值		多源信息融合拟合值	
		拟合值	*MAPE*	拟合值	*MAPE*
2003	197083	210767.2	6.94%	202952.2	2.97%
2008	320611	318222.2	0.75%	318316.5	0.71%
2020	498314	504600.5	1.26%	502059.3	0.75%

根据表4-7，从多源信息融合的拟合数据来看，较同源信息融合而言，2003年和2020年的拟合值均有所下降，也更加贴近能源消费实际值。从*MAPE*来看，无论2003年、2008年还是2020年，多源信息融合的*MAPE*（2.97%，0.71%，0.75%）均低于同源信息融合（6.94%，0.75%，1.26%）。也就是说，多源信息融合由于考虑了异源信息的影响，使拟合结果进一步改善。因此，采用基于多源信息融合的我国能源需求预测是可行且有效的。

第三节　基于专家预测系统的异源信息预测

根据专家预测系统近期更新的信息资料，对2023年异源信息对我国能源需求的影响程度进行预测。

一、基于异源信息的能源需求波动预测

调用知识库中2023年影响能源需求变动的相关信息，并由领域专家结合原理性知识和经验性知识，根据异源信息的量化分值参考数据，给出所有异源信息对能源需求增长的影响因子，如表4-8所示。

表4-8　2023年知识库信息

年份	编号	异源信息	*AF*	*NF*
2023	I_1	战争	0.70	1.00
	I_2	革命	0.87	1.00
	I_3	金融危机	0.98	1.00
	I_4	异常气候（寒冷气候）	1.12	1.00
	I_5	自然灾害	1.09	1.00
	I_6	强制性政策	0.87	1.00
	I_7	疫情	0.85	1.00

表4-8中，AF 表示发生异源信息时对能源需求增长的影响因子；NF 表示不发生异源信息时对能源需求增长的影响因子；I 为异源信息，I_1，I_2，…，I_7 表示影响能源需求波动的7种异源信息。其中，战争特指我国与他国之间的战争，革命特指我国内部发生的革命。

在基准情景下，假设不考虑任何异源信息的影响，根据同源信息融合的预测结果可得到，2023年能源需求上升幅度是1.03%，即先验概率是0.0103。

当异源信息 I_1，I_2，…，I_7 必然发生时，计算 P_1（R）的变化情况，由主观贝叶斯法的推理规则知：

（1）由 $P_1(R)=1.03\%$，运用公式（4.4）可得出

$$F_1(R)=\frac{P_1(R)}{1-P_1(R)}=\frac{0.0103}{1-0.0103}=0.0104$$

（2）$F_1(R\mid I_1)=AF_{I_1}\times F_1(R)=0.7\times0.0104=0.0073$

式中，$F(R\mid I_1)$ 表示战争发生时影响能源需求变化概率的演化值，则有：

$$P_1(R\mid I_1)=\frac{F_1(R\mid I_1)}{1+F_1(R\mid I_1)}=\frac{0.0073}{1+0.0073}=0.0072$$

（3）$F_1(R\mid I_1I_3)=AF_{I_3}\times F_1(R\mid I_1)=0.98\times0.0073=0.00715$

$$P_1(R\mid I_1I_3)=\frac{F_1(R\mid I_1I_3)}{1+F_1(R\mid I_1I_3)}=\frac{0.00715}{1+0.00715}=0.0071$$

同理，根据 $F_1(R\mid I_1I_3\cdots I_7)=\prod_{i=1}^{7}\frac{F_1(R\mid I_i)}{F_1(R)}\cdot F_1(R)$，可得到在低碳和低碳受挫情景下，所有异源信息发生时能源消费上升波动的数据。在基于同源信息融合的情况下，2023 年 3 种情景的能源需求上升波动数据如表 4-9 所示。

表 4-9　2023 年 3 种情景下基于异源信息的能源需求上升波动情况

I_n	$P(I_i)$	基准情景		低碳情景		低碳受挫情景	
		$F_1(R\mid I_1 I_2\cdots I_7)$	$P_1(R\mid I_1 I_2\cdots I_7)$	$F_2(R\mid I_1 I_2\cdots I_7)$	$P_2(R\mid I_1 I_2\cdots I_7)$	$F_3(R\mid I_1 I_2\cdots I_7)$	$P_3(R\mid I_1 I_2\cdots I_7)$
I_1	1	0.0073	0.0072	0.0024	0.0024	0.0025	0.0025
I_1、I_2	0	0.0073	0.0072	0.0024	0.0024	0.0025	0.0025
I_1、I_2、I_3	1	0.0071	0.0071	0.0023	0.0023	0.0024	0.0024
I_1、I_2、I_3、I_4	1	0.0070	0.0069	0.0023	0.0023	0.0023	0.0023
I_1、I_2、I_3、I_4、I_5	1	0.0076	0.0075	0.0025	0.0025	0.0026	0.0026
I_1、I_2、I_3、I_4、I_5、I_6	1	0.0066	0.0066	0.0022	0.0022	0.0022	0.0022
I_1、I_2、I_3、I_4、I_5、I_6、I_7	0	0.0056	0.0056	0.0018	0.0018	0.0019	0.0019

由表 4-9 可知，基准情景下，如果 I_2、I_7 事件不发生，在 I_1、I_3、I_4、I_5、I_6 同时发生时，能源需求上升幅度为 0.66%。在低碳和低碳受挫情景下，能

源需求上升幅度有所降低，依次为0.22%和0.22%。

二、基于异源信息预测的能源需求波动

在基准情景下，I_1、I_3、I_4、I_5、I_6 这5个异源信息100%发生时，能源需求上升幅度为0.56%。然而，实际情况中，这5个异源信息是否肯定同时发生是不确定的。能否在异源信息发生之前就判断能源需求的增长速度是增加还是降低？这就需要根据异源信息的大量征兆信息来判断，征兆信息出现的多少意味着异源信息发生概率的大小。因此，在本节的推理中，需要更多更广泛的信息以及其他相关领域的专家，结合当期的实际情况，根据征兆信息贡献度大小的参考表，给出各异源信息发生的可能性（概率）。如表4-10所示。

表4-10　2015年知识库信息

年份	编号	异源信息	*AF*	*NF*	*P*
2015	I_1	战争	0.70	1.00	5%
	I_2	革命	0.87	1.00	0%
	I_3	金融危机	0.98	1.00	35%
	I_4	异常气候（寒冷气候）	1.12	1.00	10%
	I_5	自然灾害	1.09	1.00	25%
	I_6	强制性政策	0.87	1.00	35%
	I_7	疫情	0.85	1.00	0%

由于每一个异源信息并不是100%一定发生，因此，根据表4-10，考虑以一定概率发生的异源信息对能源需求的影响程度。

以基准情景下战争 I_1 为例，依照主观贝叶斯法，结合线性插值法，并采用下面的推导方法来计算战争 I_1 以5%的概率发生时，对能源需求的影响程度。

(1) $P(I_1 \mid I_1') = 5\%$，表示战争可能发生的概率；

(2) $P(I_1 \mid I_1') = 1$ 时，$P_1(R \mid I_1) = 0.0072$，表示战争100%发生时，能源

需求增长的概率为 0.72%；

（3）已知 $P(I_1 \mid I_1')=P(I_1)=0$，有 $P_1(R)=0.0103$，表示战争不发生时，能源需求增长的概率为 3%。

那么，可用线性插值法来求得 $P_1(R \mid I_1')$，表示战争以 5%的概率发生时，能源需求增长的概率，计算如下：

$$P_1(R \mid I_1') = 0.0103 + \frac{0.0072 - 0.0103}{1 - 0} \times (5\% - 0) = 0.01015$$

（4）从上一步的推导可知，由观测到的影响战争发生的所有征兆信息得出，由于战争发生的概率为 5%，那么，能源需求增长的概率为 1.015%。

又根据式（4.4）求出：

$$F_1(R \mid I_1') = \frac{P_1(R \mid I_1')}{1 - P_1(R \mid I_1')} = \frac{0.01015}{1 - 0.01015} = 0.0103$$

并用该值将 AF_{I_1} 更新为 AF_{I_1}'：

$$AF_{I_1}' = \frac{F_1(R \mid I_1')}{F_1(R)} = \frac{0.0103}{0.0104} = 0.9904$$

同理，在基于同源信息融合的情况下，可得到 3 种情景中其余异源信息以不同概率发生时 AF_{I_1}' 值及其引起能源需求波动的概率值，如表 4-11 ~ 表4-13 所示。

表 4-11　2023 年基准情景下基于异源信息预测的能源需求上升波动情况

I_n	AF_{I_1}'	F_1（$R \mid I_1'I_2'\cdots I_7'$）	P_1（$R \mid I_1'I_2'\cdots I_7'$）
I_1	0.9850	0.0103	0.0101
I_1、I_2	0.9850	0.0103	0.0101
I_1、I_2、I_3	0.9675	0.0101	0.0100
I_1、I_2、I_3、I_4	0.9794	0.0102	0.0101
I_1、I_2、I_3、I_4、I_5	1.0019	0.0104	0.0103
I_1、I_2、I_3、I_4、I_5、I_6	0.9564	0.0100	0.0099

续表

I_n	AF_{I_1}'	$F_1\ (R \mid I_1'I_2'\cdots I_7')$	$P_1\ (R \mid I_1'I_2'\cdots I_7')$
I_1、I_2、I_3、I_4、I_5、I_6、I_7	0.9564	0.0100	0.0099

表 4-12　2023 年低碳情景下基于异源信息预测的能源需求上升波动情况

I_n	AF_{I_1}'	$F_2\ (R \mid I_1'I_2'\cdots I_7')$	$P_2\ (R \mid I_1'I_2'\cdots I_7')$
I_1	0.9850	0.0034	0.0033
I_1、I_2	0.9850	0.0034	0.0033
I_1、I_2、I_3	0.9675	0.0033	0.0033
I_1、I_2、I_3、I_4	0.9795	0.0033	0.0033
I_1、I_2、I_3、I_4、I_5	1.0020	0.0034	0.0034
I_1、I_2、I_3、I_4、I_5、I_6	0.9565	0.0033	0.0033
I_1、I_2、I_3、I_4、I_5、I_6、I_7	0.9565	0.0033	0.0033

表 4-13　2023 年低碳受挫情景下基于异源信息预测的能源需求上升波动情况

I_n	AF_{I_1}'	$F_3(R \mid I_1'I_2'\cdots I_7')$	$P_3(R \mid I_1'I_2'\cdots I_7')$
I_1	0.9850	0.0035	0.0034
I_1、I_2	0.9850	0.0035	0.0034
I_1、I_2、I_3	0.9675	0.0034	0.0034
I_1、I_2、I_3、I_4	0.9795	0.0034	0.0034
I_1、I_2、I_3、I_4、I_5	1.0020	0.0035	0.0035
I_1、I_2、I_3、I_4、I_5、I_6	0.9565	0.0034	0.0034
I_1、I_2、I_3、I_4、I_5、I_6、I_7	0.9565	0.0034	0.0034

由表 4-11 可知，基准情景中，以不同概率发生的异源信息影响能源需求的增长幅度为 0.99%。与不发生任何异源信息的先验概率（1.03%）相比，增长幅度有所下调。这说明考虑异源信息后，能源需求量增长幅度有所下降。

同理，可得到低碳情景、低碳受挫情景下，异源信息以不同概率发生时，引起能源需求波动的概率值如表4-12、表4-13所示。由表4-12、表4-13可知，低碳情景和低碳受挫情景下，以不同概率发生的异源信息影响能源需求的增长幅度分别为0.33%、0.34%。相较于不发生任何异源信息的先验概率（0.34%、0.35%），其增长幅度均有所下调。这说明在同源信息融合情况下，考虑异源信息后，能源需求量增长幅度有所下降。

从以上推导可以看出，考虑以不同概率发生的所有异源信息均会引起能源需求的增长速度有所减缓。

三、基于多源信息融合的能源需求预测

根据近期更新的征兆信息来判断不规则事件发生的概率，当概率为0时，即不发生任何不规则事件时，将同源信息融合预测结果作为最终的多源信息融合预测值，如表3-11所示。当概率不为0时，考虑以不同概率发生时所有异源信息于2023年引起能源需求的增长幅度。根据式（4.19），可得到基准、低碳和低碳受挫3种不同情景下，进一步考虑异源信息时2023年的我国能源需求预测值，如表4-14所示。

$$y_{2023} = y_{2022} \times \left[1+P_i \left(R \mid I_1{}'I_2{}'\cdots I_7{}' \right) \right] \tag{4.19}$$

表4-14　2023年3种情景下基于多源信息融合的我国能源需求预测值

单位：万吨标准煤

情景	同源信息融合预测值	异源信息预测值	多源信息融合预测值
基准	546555	5266	551821
低碳	539149	1755	540904
低碳受挫	542879	1808	544687

从表4-14中可以看出，若异源信息以一定概率发生时，在3种不同情景下，2023年进一步考虑同源信息的预测值相对基于多源信息融合的预测值均有所减少。这说明2023年我国能源需求量受到异源信息的影响，增长速度有

所降低，但是减缓幅度较小，原因有两个：一是即使不发生任何异源信息，能源需求增长速度本身就很小，即先验概率值偏小；二是我国近些年发展较为稳定，异源信息发生的概率较小。因此，2023 年能源需求量并未受到异源信息的剧烈影响。在考虑异源信息的基础上，2023 年基于多源信息融合的我国能源需求预测值分别为 551821 万吨标准煤、540904 万吨标准煤、544687 万吨标准煤。

以此类推，随着时间的推移、各种征兆信息的不断变化，领域专家对未来每一年异源信息的相关知识也不断总结并判断，知识工程师进而持续更新、完善我国能源需求异源信息预测系统的知识库。那么，可以根据不断更新的知识库，通过同样的推理方法分别得到 2024—2030 年能源需求的增长幅度，并以此作为同源信息融合预测结果的调整，从而得到最终基于多源信息融合的预测值。

综上所述，基于多源信息融合的我国能源需求预测模型以预测误差不断改善为核心，进一步完善了能源需求预测的信息源，充分考虑了以不同概率发生的所有异源信息对能源需求的影响程度，使得预测结果更贴近实际情况。

四、专家预测系统的应用

为了使用的快捷方便以及演示的直观性，本书在 Windows + JDK1. 8 + Mysql5. 7 的运行环境下，以 IDEA 集成平台为开发工具，基于主流的 SpringBoot+vue 前后端分离架构实现了专家预测系统。该专家系统主要包括预测和知识库维护两个模块，可以通过操作可视化的界面来进行预测。该系统计算灵活，图文并茂，简单明了，不仅可以预测出以不同概率发生的所有不规则事件对我国能源需求的影响程度，而且可以在同源信息融合预测的基础上进一步得到异源信息的预测值。

（一）异源信息预测

根据要预测的年份及情景类型，系统会调用知识库中历年来影响我国能源需求变动的所有不规则事件及其征兆信息、专家知识等，从而判断出异源信息的发生概率，并进一步得到基于多源信息融合的预测值。以 2023 年为例，在专家预测系统异源信息预测模块中输入 2023，分别选择基准情景、低碳情景和低碳受挫情景，然后点击预测按钮可得到 3 种情景下，2023 年所有不规则事件以不同概率同时发生时，对能源需求的影响程度如图 4-3~图 4-5 所示。

不规则事件	100%概率	不同概率
I1	0.0072	0.0101
I1I2	0.0072	0.0101
I1I2I3	0.0071	0.01
I1I2I3I4	0.0069	0.0101
I1I2I3I4I5	0.0075	0.0103
I1I2I3I4I5I6	0.0066	0.0099
I1I2I3I4I5I6I7	0.0056	0.0099

图 4-3　基准情景下异源信息预测的专家系统界面

不规则事件	100%概率	不同概率
I1	0.0024	0.0033
I1I2	0.0024	0.0033
I1I2I3	0.0023	0.0033
I1I2I3I4	0.0023	0.0033
I1I2I3I4I5	0.0025	0.0034
I1I2I3I4I5I6	0.0022	0.0033
I1I2I3I4I5I6I7	0.0018	0.0033

图 4-4　低碳情景下异源信息预测的专家系统界面

图 4-5　低碳受挫情景下异源信息预测的专家系统界面

（二）多源信息融合预测

若异源信息以一定概率发生，在同源信息融合预测的基础上，进一步增加我国能源需求预测的信息源，从而形成多源信息融合预测结果。以 2023 年为例，在专家预测系统初始界面的多源信息融合模块中输入 2023，分别选择基准情景、低碳情景和情景低碳受挫，然后点击预测按钮，可得到 2023 年的 3 种情景下多源信息融合预测结果；在进一步考虑异源信息的基础上，得到基于多源信息融合的我国能源需求预测值，如图 4-6～图 4-8 所示。

图 4-6　基准情景下多源信息融合预测的专家系统界面

图 4-7　低碳情景下多源信息融合预测的专家系统界面

图 4-8　低碳受挫情景下多源信息融合预测的专家系统界面

（三）知识库维护

随着近期信息的不断更新，需要对知识库不断进行维护，即对知识进行增加、删除和修改，并根据需要可随时进行查询，从而根据最新的知识预测出 2023—2030 年每年异源信息引起我国能源需求的增长幅度，并以此作为同源信息融合预测结果的调整。以 2023 年知识库维护为例，如图 4-9 所示。

图 4-9　专家预测系统的知识库维护界面

第四节　小　结

本章针对基于异源信息预测的问题，主要工作及结论如下：

（1）构建专家预测系统，重点设计了知识库和推理机。知识库涵盖了各类不规则事件等异源信息、专家对异源信息影响因子及其发生前征兆信息的判断等；推理机主要采用主观贝叶斯的方法进行不确定性推理。

（2）在基于同源信息融合预测的基础上，以 2003 年、2008 年和 2020 年为例分别进行研究，实证结果显示，2003 年基于多源信息融合的 *MAPE*（2.97%）低于基于同源信息融合模型（6.94%）；2008 年，基于多源信息融合的 *MAPE*（0.71%）低于基于同源信息融合模型（0.75%）；2020 年，基于多源信息融合的 *MAPE*（0.75%）低于基于同源信息融合模型（1.26%），说明在同源信息融合的基础上，融合异源信息可以进一步改善预测效果。

（3）对 2023 年基准、低碳和低碳受挫 3 种情景下基于多源信息融合的我国能源需求预测进行研究。通过专家预测系统的构建与应用，若异源信息发生的概率为 0，以同源信息融合预测结果作为最终的多源信息融合预测值；若异源信息发生的概率不为 0，考虑了以不同概率发生的所有异源信息，得到 2023 年 3 种情景下基于多源信息融合的预测值分别为 551800 万吨标准煤、540900 万吨标准煤、544700 万吨标准煤。

第五章　结　论

能源资源是经济发展和社会进步的基本物资保障，能源问题是当今世界各国普遍关注的重要战略问题，科学合理地预测能源需求，不仅能有效规避能源供给侧的风险，还能实现能源资源的最优市场配置。由于我国的能源需求变化对全球能源格局的影响逐渐加强，因而有关我国能源需求预测的研究也逐渐增多。但是，现有的能源需求预测模型考虑的信息源较少，这就限制了能源需求预测模型的稳定性和精度进一步提高。因此，从信息源的角度出发，本书将“基于多源信息融合的我国能源需求预测模型”作为研究对象，建立了基于多源信息融合的我国能源需求预测总体框架，并在总体框架的指导下，分别构建了基于同源信息融合的我国能源需求预测模型、基于不规则事件等异源信息预测的我国能源需求预测系统。主要结论如下：

（1）建立了基于多源信息融合的我国能源需求预测总体框架

针对能源需求预测中信息源有限的问题，从信息源的角度，提出了能源需求信息源的分类与选择原则。其中，同源信息包括模型信息，异源信息特指不规则事件。针对同源信息融合问题，提出 SVM 模型作为融合预测技术；针对异源信息预测问题，建立专家预测系统，并将预测结果作为同源信息融合模型的调整，从而形成基于多源信息融合的我国能源需求预测值。

（2）建立了基于同源信息融合的我国能源需求预测模型

采用 SVM 模型将多项式曲线模型和 RBF 神经网络模型单一模型予以融合，构建出基于 ET-SVM 的融合模型。研究结果发现：①相较而言，无论从 *MAPE* 还是 S^2，基于 ET-SVM 融合模型预测精度最高（1.31%），且模型稳定性最好（$S^2=46.9021\times10^7$）。②将基于 ET-SVM 的模型作为同源信息的融合预测模型，并分别在基准、低碳和低碳受挫 3 种情景下，对 2023—2030 年我国能源需求量进行预测。

（3）建立了基于异源信息的我国能源需求预测系统

针对异源信息预测的问题，构建了专家预测系统，重点设计了知识库和推理机；推理机主要采用主观贝叶斯法进行不确定性推理。以2003年、2008年和2020年为例进行研究，实证结果显示，2003年基于多源信息融合的*MAPE*（2.97%）低于基于同源信息融合模型（6.94%）；2008年，基于多源信息融合的*MAPE*（0.71%）低于基于同源信息融合模型（0.75%）；2020年，基于多源信息融合的*MAPE*（0.75%）低于基于同源信息融合模型（1.26%），说明在同源信息融合的基础上，融合异源信息可以进一步改善预测效果。

参考文献

[1] Akay D, Atak M. Grey prediction with rolling mechanism for electricity demand forecasting of Turkey [J] . Energy, 2007, 32 (9): 1670-1675.

[2] Albert W L Yao, Chi S C, Chen J H. An improved grey-based approach for electricity demand forecasting [J] . Electric Power Systems Research, 2003, 67 (3): 217-224.

[3] Alduailij A M, Petri I, Rana O, et al. Forecasting peak energy demand for smart buildings [J] . The Journal of Supercomputing, 2021, 77 (6): 6356-6380.

[4] Aras H, Aras N. Forecasting residential natural gas demand [J] . Energy Sources, 2004, 26 (5): 463-472.

[5] Kialashaki A, Reisel J. Development and validation of artificial neural network models of the energy demand in the industrial sector of the United States [J] . Energy, 2014 (76): 749-760.

[6] Asafu - Adjaye J. The relationship between energy consumption, energy prices and economic growth: Time series evidence from Asian developing countries [J] . Energy Economics, 2000, 22 (6): 615-625.

[7] Bahareh O, Hesam K, Ali M, et al. Does structural change boost the energy demand in a fossil fuel - driven economy? New evidence from Iran [J]. Energy, 2022, 254 (9): 1391-1395.

[8] Bates J M, Granger C W J. The combination of forecasts [J] . The OR Society, 1969, 20 (4): 451-468.

[9] Li B B, Liang Q M, Wang J Cheng. A comparative study on prediction

methods for China's medium－and long－term coal demand [J] . Energy, 2015 (167): 1671-1683.

[10] Box G E P, Jenkins G M. Time series analysis: forecasting and control [M] . Upper Saddle River: Prentice Hall, 1994.

[11] Chang C, Lin C. LIBSVM: A library for SVMs (Version2. 3) [DB/OL]. [2001-06-08] (2023-08-08) . http: www. csic. ntu. edu. tw/~cjlin/Papers/libsvm. pdf.

[12] Chung Y H, Bao W W. Nonlinear interval regression analysis with neural networks and grey prediction for energy demand forecasting [J] . Soft Computing, 2022 (24): 9809-9831.

[13] Coskun Hamzacebi. Forecasting of Turkey's net electricity energy consumption on sectoral bases [J] . Energy Policy, 2007, 35 (3): 2009-2016.

[14] Crompton P, Wu Y. Energy consumption in China: past trends and future direction [J] . Energy Economics, 2005, 27 (1): 195-208.

[15] Cui J, Yur Z, Zhao D B, et al. Intelligent load pattern modeling and denoising using improved variational mode decomposition for various calendar periods [J] . Applied Energy, 2019 (247): 480-491.

[16] Diebold F X, Lopez J A. Forecast evaluation and combination [Z]. Massachusetts: National Bureau of Economic Research Cambridge, 1996.

[17] Ebohon O J. Energy, economic growth and causality in developing countries: A case study of Tanzania and Nigeria [J] . Energy Policy, 1996, 24 (5): 447-453.

[18] Eltony M N, Al-Mutairi N H. Demand for gasoline in Kuwait: An empirical analysis using cointegration techniques [J] . Energy Economics, 1995, 17 (95): 249-253.

[19] Erdogdu E. Natural gas demand in Turkey [J] . Applied Energy, 2010, 87 (1): 211-219.

[20] Erol U, Yu E S. On the causal relationship between energy and income for industrialized countries [J] . Journal of Energy and Development, 1987, 13 (1): 113-122.

[21] Felice M D, Alessandri A, Catalano F. Seasonal climate forecasts for medium-term electricity demand forecasting [J] . Applied Energy, 2015 (137): 435-444.

[22] Forrester J W. Industrial dynamics [M] . Cambridge MA: Productivity Press, 1961.

[23] Franco M, Blanco D, Blequett W, et al. Cointegration Methodology and Error Correction Model used to Forecast The Electricity Demand of The Venezuelan Electric System-Period 2004-2024 [R] . Transmission & Distribution Conference and Exposition: Latin America, 2006: 1-8.

[24] García-Ascanio C, Maté C. Electric power demand forecasting using interval time series: A comparison between VAR and IMLP [J] . Energy Policy, 2010, 38 (2): 715-725.

[25] Gevorgian V, Kaiser M. Fuel distribution and consumption simulation in the Republic of Armenia [J] . Simulation, 1998, 71 (3): 154-167.

[26] Ghanbari A, Kazemi S M R, Mehmanpazir F, et al. A Cooperative Ant Colony Optimization-Genetic Algorithm approach for construction of energy demand forecasting knowledge-based expert systems [J] . Knowledge-Based Systems, 2013, 39 (2): 194-206.

[27] Glasure Y U, Lee A. Cointegration, error-correction, and the relationship between GDP and energy: The case of South Korea and Singapore [J]. Resource and Energy Economics, 1998, 20 (1): 17-25.

[28] Gorucu F B. Evaluation and forecasting of gas consumption by statistical analysis [J] . Energy Sources, 2004, 26 (3): 267-276.

[29] Gonzalez-Romera E, Jaramillo-Moran M A, Carmona-Fernandez

D. Monthly electric energy demand forecasting based on trend extraction [J]. Power Systems, 2006, 21 (4): 1946-1953.

[30] Harvey D S, Leybourne S J, Newbold P. Tests for forecast encompassing [J] . Journal of Business & Economic Statistics, 1998, 16 (2): 254-259.

[31] Hassan S, Khosravi A, Jaafar J. Examining performance of aggregation algorithms for neural network - based electricity demand forecasting [J]. International Journal of Electrical Power & Energy Systems, 2015 (64): 1098-1105.

[32] Hendry D F. Recent Developments in the Theory of Encompassing [M]. Curham: Duke University Press, 1988.

[33] Ho K L, Hsu Y Y, Chen C F, et al. Short term load forecasting of Taiwan Power System using a knowledge-based expert system [J] . Power Systems, 1990, 5 (4): 1214-1221.

[34] Hsu C, Chen C. Applications of improved grey prediction model for power demand forecasting [J] . Energy Conversion and Management, 2003, 44 (14): 2241-2249.

[35] Jason R, Etienne S. A comparison of prediction and forecasting artificial intelligence models to estimate the future energy demand in a district heating system [J] . Energy, 2023 (6): 269.

[36] Javeed N S, Al-Garni A Z. Forecasting electric energy consumption using neural networks [J] . Energy Policy, 1995, 23 (12): 1097-1104.

[37] Kankal M, Akpınar A, Kömürcü M, et al. Modeling and forecasting of Turkey's energy consumption using social-economic and demographic variables [J]. Applied Energy, 2011, 88 (5): 1927-1939.

[38] Khan M A. Modelling and forecasting the demand for natural gas in Pakistan [J]. Renewable & Sustainable Energy Reviews, 2015 (49): 1145-1159.

[39] Kraft J, Kraft A. On the relationship between energy and GNP [J].

Journal of Energy, 1978, 3 (2): 401-403.

[40] Krogh A, Vedelsby J. Neural network ensembles, cross validation, and active learning [C] //Tesauro G , Touretzky D, Lean T. Advances in neural information processing systems. Cambridge, Massachusetts: MIT Press, 1995: 231-238.

[41] Kyrtsou C, Serletis A. Univariate tests for nonlinear structure [J]. Journal of Macroeconomics, 2006 (28): 154-168.

[42] Lambert-Torres G, Borges S L E, Valiquette B, et al. A fuzzy knowledge-based system for bus load forecasting [R]. IEEE International Conference, 1992: 1211-1218.

[43] Lee C. Energy consumption and GDP in developing countries: A cointegrated panel analysis [J]. Energy Economics, 2005, 27 (3): 415-427.

[44] Lee C, Chang C. The impact of energy consumption on economic growth: Evidence from linear and nonlinear models in Taiwan [J]. Energy, 2007, 32 (12): 2282-2294.

[45] Lee K, Ni S. On the dynamic effects of oil price shocks: A study using industry level data [J]. Journal of Monetary Economics, 2002, 49 (4): 823-852.

[46] Li D S, Li P P, Wang J Z. Study on energy dynamics of greenhouse lettuce [J]. Northern Horticulture, 2012 (18): 206-209.

[47] Magnano L, Boland J W. Generation of synthetic sequences of electricity demand: Application in South Australia [J]. Energy, 2007, 32 (11): 2230-2243.

[48] Maia A L S, Carvalho F D A T D. Holt's exponential smoothing and neural network models for forecasting interval-valued time series [J]. International Journal of Forecasting, 2011, 27 (3): 740-759.

[49] McMenamin J S, Monforte F A. Short term energy forecasting with neural

networks [J]. The Energy Journal, 1998 (4): 43-61.

[50] Mohamed M, Mohammed C, Smail Z, et al. Using neural network modelling for estimation and forecasting of transport sector energy demand in developing countries [J]. Energy Conversion and Management, 2022 (6): 258.

[51] Melikoglu M. Vision 2023: Forecasting Turkey's natural gas demand between 2013 and 2030 [J]. Renewable & Sustainable Energy Reviews, 2013 (22): 393-400.

[52] Naeim F. Applying machine learning based on multilayer perceptron on building energy demand in presence of phase change material to drop cooling load [J]. Engineering Analysis with Boundary Elements, 2023, 5 (150): 20-29.

[53] O Neill B C, Desai M. Accuracy of past projections of us energy consumption [J]. Energy Policy, 2005, 33 (8): 979-993.

[54] Pao H. Comparing linear and nonlinear forecasts for Taiwan's electricity consumption [J]. Energy, 2006, 31 (12): 2129-2141.

[55] Plass H J Jr. A simplified equilibrium model of the US energy-economic system and its use in comparing alternatives [R]. The 1st World Hydrogen Energy Conference, 1976: 3.

[56] Piltan M, Shiri H, Ghaderi S F. Energy demand forecasting in Iranian metal industry using linear and nonlinear models based on evolutionary algorithms [J]. Energy Conversion & Management, 2012, 58 (6): 1-9.

[57] Rijal K, Bansal N K, Grover P D. Rural household energy demand modelling: A case study of Nepal [J]. Energy Economics, 1990, 12 (4): 279-288.

[58] Rodger J A. A fuzzy nearest neighbor neural network statistical model for predicting demand for natural gas and energy cost savings in public buildings [J]. Expert Systems with Applications, 2014, 41 (4): 1813-1829.

[59] Setiawan C I, Deendarlianto I. System dynamics modeling of Indonesia

road transportation energy demand and scenario analysis to achieve National Energy Policy Target [J]. IOP Conference Series: Materials Science and Engineering, 2019, 546 (5): 899-1088.

[60] Shao Z, Gao F, Yang S L, et al. A new semiparametric and EEMD based framework for mid-term electricity demand forecasting in China: Hidden characteristic extraction and probability density prediction [J]. Renewable & Sustainable Energy Reviews, 2015 (52): 876-889.

[61] Sims C A. Macroeconomics and reality [J]. Econometric, 1980, 48 (1): 1-47.

[62] Smola A J, Scholkopf B. A tutorial on support vector regression [R]. Neuro COLT Technical Report Series, London: Royal Holloway College, 1998.

[63] Sözen A, Arcaklioglu E. Prediction of net energy consumption based on economic indicators (GNP and GDP) in Turkey [J]. Energy Policy, 2007, 35 (10): 4981-4992.

[64] Soytas U, Sari R. Energy consumption and GDP: Causality relationship in G-7 countries and emerging markets [J]. Energy Economics, 2003, 25 (1): 33-37.

[65] Stern D I. A multivariate cointegration analysis of the role of energy in the US macro-economy [J]. Energy Economics, 2000, 22 (2): 267-283.

[66] Sumer K K, Goktas O, Hepsag A. The application of seasonal latent variable in forecasting electricity demand as an alternative method [J]. Energy Policy, 2009, 37 (4): 1317-1322.

[67] Talal Y, Mohamd L, Waleed A, et al. Hydrogen energy demand growth prediction and assessment (2021-2050): Using a system thinking and system dynamics approach [J]. Applied Sciences, 2022, 12 (2): 9685-9686.

[68] Vaghefi A, Jafari M A, Bisse E, et al. Modeling and forecasting of cooling and electricity load demand [J]. Applied Energy, 2014 (136): 186-196.

[69] Wang S Y. TEI@ I: A new methodology for studying complex systems [R]. Tsukuba: The International Workshop on Complexity Science, 2004 (4): 22-23.

[70] Yao A W, Chi S C, Chen J H. An improved grey-based approach for electricity demand forecasting [J]. Electric Power Systems Research, 2003, 67 (3): 217-224.

[71] Yao A W, Chi S C. Analysis and design of a Taguchi-Grey based electricity demand predictor for energy management systems [J]. Energy Conversion and Management, 2004, 45 (7): 1205-1217.

[72] Yu E S, Hwang B. The relationship between energy and GNP: Further results [J]. Energy Economics, 1984, 6 (3): 186-190.

[73] Yu E S, Choi J. Causal relationship between energy and GNP: An international comparison [J]. Journal of Energy, 1985, 10 (2): 249-272.

[74] Yu E S, Jin J C. Cointegration tests of energy consumption, income, and employment [J]. Resources and Energy, 1992, 14 (3): 259-266.

[75] Yu S W, Zhu K J. A hybrid procedure for energy demand forecasting in China [J]. Energy, 2012, 37 (1): 396-404.

[76] Zhou P, Ang B W, Poh K L. A trigonometric grey prediction approach to forecasting electricity demand [J]. Energy, 2006, 31 (14): 2839-2847.

[77] 安惠侯．伊拉克战争与国际政治 [J]. 国际问题研究，2003 (3): 1-5.

[78] 蔡嘉玮．中长期石油需求预测方法及其应用研究 [D]. 北京：北京理工大学，2018.

[79] 蔡自兴，徐光祐．人工智能及其应用 [M]. 北京：清华大学出版社，2002.

[80] 曹飞．陕西省能源消费的组合预测 [J]. 环境科学与技术，2013，36 (5): 147-150.

［81］曹孜，陈洪波．城市化和能源消费的门槛效应分析与预测［J］．中国人口·资源与环境，2015，25（11）：59-68.

［82］柴建，卢全莹，张钟毓，等．工业化、城镇化进程中电力需求分析及预测［J］．运筹与管理，2015，24（1）：164-172.

［83］池启水．中国石油消费量增长趋势分析——基于 ARIMA 模型的预测与分析［J］．资源科学，2007，29（5）：69-73.

［84］慈向阳，黄志敏．基于协整理论和灰色系统理论的上海市电力需求预测［J］．上海电力学院学报，2014，30（5）：477-481.

［85］丛威，屈丹丹，孙清磊．环境质量约束下的中国能源需求量研究［J］．中国能源，2012（5）：35-38.

［86］戴华娟．组合预测模型及其应用研究［D］．长沙：中南大学，2007.

［87］邓鸿鹄．北京市能源消费预测方法比较研究［D］．北京：北京林业大学，2013.

［88］邓聚龙．灰色预测与决策［D］．武汉：华中理工大学出版社，1988.

［89］董影．基于组合模型的辽宁省能源需求预测研究［D］．大连：东北财经大学，2023.

［90］杜娟．基于系统动力学方法的成都市能源—环境—经济 3E 系统的建模与仿真［D］．成都：成都理工大学，2014.

［91］杜坤杰．国际促进清洁能源技术利用政策研究［J］．上海节能，2008（3）：24-27.

［92］杜禹墨．基于 VAR 模型的我国能源供求影响因素分析［D］．大连：东北财经大学，2021.

［93］范德成，王韶华，张伟．低碳经济目标下一次能源消费结构影响因素分析［J］．资源科学，2012，34（4）：696-703.

［94］樊元，刘亚丽，陈晶．甘肃能源消费与经济增长动态影响关系实证

分析——基于JJ协整检验和误差修正模型［J］. 数学的实践与认识，2013，43（18）：39-45.

［95］方德斌，时珊珊，杨建鹏．新常态下中国能源需求预测预警研究［J］. 资源开发与市场，2017，33（1）：8-13，26.

［96］方欢欢，姬洪博，田书欣．基于灰色线性回归—加权模糊马尔可夫链模型的电力能源需求预测［J］. 电子器件，2020，43（5）：997-1003.

［97］冯乐，窦鲁星．基于动态广义回归神经网络煤炭需求预测模型［J］. 山西焦煤科技，2012（1）：4-7.

［98］高军，宋书贵，吴鹏等．天然气消费量组合预测建模及应用［J］. 西南石油大学学报（社会科学版），2012，14（1）：6-10.

［99］高岩，周德群，刘晨琛．基于指数型新弱化缓冲算子的能源需求预测［J］. 管理学报，2010，7（8）：1211-1215.

［100］韩崇昭，朱洪艳，段战胜，等．多源信息融合［M］. 北京：清华大学出版社，2006.

［101］韩智勇，魏一鸣，焦建玲，等．中国能源消费与经济增长的协整性与因果关系分析［J］. 系统工程，2005，22（12）：17-21.

［102］何秉孟．亚洲金融危机：最新分析与对策［M］. 北京：社会科学文献出版社，1998.

［103］侯运炳，张文，张浩，等．煤炭需求最优组合预测［J］. 煤炭工程，2008（11）：75-78.

［104］黄海萍．基于BP神经网络的中国电力需求预测［J］. 科学技术与工程，2007，7（4）：612-613.

［105］黄欣，吴杰康，李红玲，等．考虑宏观政策的能源需求组合预测模型［J］. 四川电力技术，2021，44（1）：62-69.

［106］黄震，谢晓敏，张庭婷．“双碳”背景下我国中长期能源需求预测与转型路径研究［J］. 中国工程科学，2022，24（6）：8-18.

［107］季托．国际石油价格波动行为机理及预测模型研究［D］. 大庆：

东北石油大学，2011.

［108］纪玉山，代栓平．中国石油消费的动态影响因素分析［J］．经济与管理研究，2008（1）：26-30.

［109］姜爱林．20世纪以来三次国际金融危机比较［J］．金融教学与研究，2009（3）：10-14.

［110］姜学勤，邵理云，王琦．石油消费的主要影响因素分析［J］．石油天然气学报，2007，28（5）：147-149.

［111］李健，郭姣，苑清敏．京津冀协同发展背景下能源需求预测与政策影响研究［J］．干旱区资源与环境，2018，32（5）：5-11.

［112］李淑宇．混合时间序列预测模型的构建及应用［D］．东营：中国石油大学（华东），2021.

［113］李霄，王昕，郑益慧，等．基于改进最小二乘支持向量机和预测误差校正的短期风电负荷预测［J］．电力系统保护与控制，2015，43（11）：7，63-69.

［114］李肖冰．基于系统动力学的中国能源供求预测模型研究［D］．包头：内蒙古科技大学，2015.

［115］李正信．国际油价暗流涌动　战争对价格负面影响不可低估［N］．中华工商时报，2003-03-25（4）.

［116］吕涛，张美珍，雷强．基于系统动力学的印度能源及煤炭需求情景预测［J］．资源科学，2015，37（6）：1199-1206.

［117］林伯强．结构变化、效率改进与能源需求预测——以中国电力行业为例［J］．经济研究，2003（5）：57-65.

［118］林尧瑞．专家系统原理与实践［M］．北京：清华大学出版社，1988.

［119］刘继旺．云南能源消费、经济增长、碳排放关系研究［D］．昆明：云南财经大学，2014.

［120］刘亮亮，敖军，高世泽．基于灰色马尔可夫链模型的中国能源消费

预测研究［J］. 重庆师范大学学报（自然科学版），2008，25（4）：47-49.

［121］刘庆. 战争征兆："雾里"仍要"看花"［J］. 瞭望，2013（16）：38-39.

［122］卢奇，顾培亮，邱世明. 组合预测模型在我国能源消费系统中的建构及应用［J］. 系统工程理论与实践，2003（3）：24-30.

［123］马莉，叶强强. 能源消费与经济增长关系的实证研究——以陕西省为例［J］. 经济地理，2016，36（6）：130-135.

［124］马千里，李倩. 辽宁省能源效率、能源消费与经济增长的动态关系［J］. 沈阳工业大学学报（社会科学版），2020，13（2）：145-152.

［125］曼丽丹·泽尔民别克. 基于时间序列分析的新疆能源消费预测研究［D］. 昆明：昆明理工大学，2020.

［126］孟凡生，李美莹. 组合模型在能源需求预测的应用［J］. 哈尔滨工业大学学报，2013，45（11）：106-111.

［127］穆海林，王文超，宁亚东，等. 基于改进灰色模型的能源消费预测研究［J］. 大连理工大学学报，2011，51（4）：493-497.

［128］彭建良，李新建，王斌，等. 能源消费量模拟分析和预测的神经网络方法［J］. 系统工程理论与实践，1998（7）：77-84.

［129］彭松. 中国区域能源经济效率测度与影响因素分析——基于 DEA-CCR 面板回归模型实证研究［J］. 科技与创新，2019（4）：12-15.

［130］皮渡洋. 长三角地区电力需求预测及保障策略研究［D］. 徐州：中国矿业大学，2023.

［131］秦晋栋. 基于熵权灰色组合预测模型的区域能源需求预测研究［J］. 价值工程，2012（4）：289-291.

［132］曲万成. 我国电力需求量与经济增长的动态效应研究［J］. 河南科学，2014，32（7）：1346-1349.

［133］沈联涛. 2008 金融危机——这场危机的本质［J］. 财经，2008（26）：74-84.

［134］宋雅晴，杨桂元．我国能源消费的组合预测［J］．市场经济与价格，2011（7）：34-37.

［135］宋雅晴．组合预测在安徽省能源消费中的应用［J］．2013，31（6）：18-24.

［136］宋宇辰，张志启．基于 ARIMA 模型对我国“十二五”能源需求的预测［J］．煤炭工程，2012（1）：76-79.

［137］孙涵，杨普容，成金华．基于 Matlab 支持向量机回归的能源需求预测模型［J］．系统工程理论与实践，2011（10）：2001-2007.

［138］孙李红，张瑜，焦艳会．中国能源消费预测的 GM（1，1）模型研究［J］．商业经济，2015（9）：48-49.

［139］孙梅，邓星，董同明．神经网络和卡尔曼算法在石油需求预测中的应用［J］．北京理工大学学报（社会科学版），2013，15（6）：10-15.

［140］索瑞霞，王福林．组合预测模型在能源消费预测中的应用［J］．数学的实践与认识，2010（18）：80-85.

［141］童泉格，孙涵，成金华，等．基于广义灰色模型的内蒙古能源消费预测［J］．中国国土资源经济，2015，28（4）：53-57.

［142］王丰效．基于组合预测包容性检验的单项模型选择［J］．重庆师范大学学报（自然科学版），2013，30（3）：82-84.

［143］王桂新，刘旖芸．上海市人口增长与能源消费的相关性研究［J］．中国人口科学，2005（1）：200-205.

［144］王海波．印尼能源消费影响因素分析及需求预测研究［D］．北京：中国地质大学（北京），2020.

［145］王海宁，薛惠锋．能源消费需求的系统动力学建模与仿真——以陕西省为例［J］．系统仿真技术，2010（2）：158-163.

［146］王会强，胡丹．能源需求组合预测模型的构建和应用研究［J］．中国能源，2007，29（8）：38-40.

［147］王珏，鲍勤．基于小波神经网络的中国能源需求预测模型［J］．系

统科学与数学，2009（11）：1542-1551.

［148］王其藩．系统动力学［M］．北京：清华大学出版社，1994.

［149］汪同三，张涛．组合预测：理论、方法及应用［M］．北京：社会科学文献出版社，2008.

［150］王淑华，魏勇．改进的灰色预测模型的应用［J］．西华师范大学学报（自然科学版），2008（2）：157-160.

［151］王义闹，刘开第，李应川．优化灰导数白化值的 GM（1，1）建模法［J］．系统工程理论与实践，2001（5）：124-128.

［152］王迎．基于绿色经济背景下我国能源经济指数及影响因素分析［J］．内蒙古财经大学学报，2023，21（1）：77-82.

［153］王勇．科技进步是预测能源需求的关键因素［J］．国外油田工程，2002，18（1）：6.

［154］文炳洲，索瑞霞．基于组合模型的我国能源需求预测［J］．数学的实践与认识，2016，46（20）：45-53.

［155］魏一鸣，廖华，范英．“十一五”期间我国能源需求及节能潜力预测［J］．中国科学院院刊，2007，22（1）：20-25.

［156］吴士健，宋立群，刘新民．山东省能源消费与经济增长的协整关系及能源需求预测［J］．山东农业大学学报（自然科学版），2016，47（5）：789-795.

［157］吴伟杰，吴杰康，雷振，等．基于 PSO 优化 BP 神经网络的能源需求预测［J］．电气应用，2021，40（6）：49-58.

［158］夏道止，王锡凡，周琳，等．基于 RBF 神经网络和专家预测系统的短期负荷预测方法［J］．西安交通大学学报，2001，35（4）：331-334.

［159］向青，廖胜明．基于 VAR 模型的湖南省能源需求影响因素分析［J］．经济论坛，2015（11）：18-23.

［160］肖先勇，葛嘉，何德胜．基于支持向量机的中长期电力负荷组合预测［J］．电力系统及其自动化学报，2008，20（1）：84-88.

［161］解晗．基于灰色神经网络组合模型的电力消费量预测［J］．保定学院学报，2014，27（2）：55-60.

［162］熊国强，刘海磊．我国能源消费的组合预测模型［J］．统计与决策，2007（3）：21-22.

［163］续九如．林木数量遗传学［M］．北京：高等教育出版社，2006.

［164］徐丽杰．能源消费、经济增长及能源需求预测研究——基于河南省的实证分析［J］．武汉理工大学学报（社会科学版），2013（4）：523-527.

［165］许若冰，王璇，赵倩宇，等．基于卷积神经网络和深度置信网络的多类型能源需求预测方法［J］．供用电，2020，37（10）：65-70.

［166］薛黎明．中国能源需求影响因素分析［D］．北京：中国矿业大学，2010.

［167］颜筱红．能源消费组合预测模型的优化［J］．重庆科技学院学报：自然科学版，2011，13（4）：182-185.

［168］杨春生．我国区域经济增长的收敛性分析［D］．合肥：安徽大学，2014.

［169］杨肃昌，韩君．基于 VAR 模型的中国能源需求动态计量分析［J］．社会科学辑刊，2012（4）：147-151.

［170］杨一飞．保定市能源需求影响因素分析及情景预测研究［D］．北京：华北电力大学，2020.

［171］杨永春．供应链条件下天然气供需模型构建［D］．成都：成都理工大学，2014.

［172］尹宇晨，刘宇杭，马愿谦，等．基于 Transformer 算法的园区综合能源需求预测［J］．综合智慧能源，2023，1（1）：5-9.

［173］余乐安，汪寿阳，黎建强．外汇汇率与国际原油价格波动预测—TEI@I 方法论［M］．长沙：湖南大学出版社，2006.

［174］于松青，林盛．山东省电力需求预测的协整模型构建研究［J］．电子设计工程，2014，22（6）：82-84.

[175] 于雪娇，姜华德．云南省 2015 年碳排放约束下的能源结构研究［J］. 红河学院学报，2015，13（1）：122-125.

[176] 虞亚平．京津冀能源需求预测分析及发展对策研究［D］. 天津：天津理工大学，2017.

[177] 张海鹏．基于 GM-ARIMA 模型对贵州省能源需求的预测［J］. 生产力研究，2022（9）：50-54.

[178] 张会新，白嘉．基于三角灰色模型的煤炭消费预测及政策选择［J］. 经济问题，2010（11）：24-27.

[179] 张青．基于神经网络最优组合预测方法的应用研究［J］. 系统工程理论与实践，2001（9）：90-93.

[180] 张丽峰．中国能源供求预测模型及发展对策研究［D］. 北京：首都经济贸易大学，2006.

[181] 张粒子，何勇健，葛炬．中国能源需求与影响因素的协整分析［J］. 中国电力，2012，45（2）：74-77.

[182] 张庆．多视角下的中国能源需求预测研究［D］. 北京：中国石油大学，2011.

[183] 张全寿．专家系统建造原理及方法［M］. 北京：中国铁道出版社，1992.

[184] 张文丽，翟明娟，白刚．时间序列模型在山西省能源需求预测中的应用［J］. 长治学院学报，2015，32（2）：54-56.

[185] 张彦萌．基于组合模型的我国能源需求预测研究［D］. 延安：延安大学，2022.

[186] 张意翔，孙涵．我国能源消费误差修正模型研究——基于产业结构重型化视角的实证分析［J］. 中国人口·资源与环境，2008（1）：74-78.

[187] 张卓伦，宋福根．基于预测包容的组合预测单项模型遴选算法［J］. 统计与决策，2009（18）：22-23.

[188] 张亚军．变权系数组合预测模型在电力系统负荷预测中的应用研

究［D］. 成都：西南交通大学，2007.

［189］张玉春，郭宁，任剑翔．基于组合模型的甘肃省能源需求预测研究［J］. 生产力研究，2012（11）：31-33.

［190］张志启．我国能源消费总量预测建模分析［D］. 包头：内蒙古科技大学，2012.

［191］张祖欣．基于多变量误差修正模型与改进灰色理论的我国能源需求预测研究［J］. 华东电力，2012（10）：1685-1689.

［192］张作云．金融危机的根源、生成机制及其在我国发生的可能性［J］. 海派经济学，2009（11）：21-27.

［193］赵国浩，郭淑芬，申屠菁，等．基于变权组合预测模型探讨中国煤炭需求［J］. 资源与生态学报（英文版），2011，2（2）：126-131.

［194］赵洪英．新型累加离散灰色模型及其在能源消耗预测中的应用［D］. 邯郸：河北工程大学，2020.

［195］赵丽霞，魏巍贤．能源与经济增长模型研究［J］. 预测，1998，6（6）：32-34.

［196］赵振宇．模糊理论和神经网络的基础与应用［M］. 北京：清华大学出版社，1996.

［197］郑玉华，罗东坤，张亚芳．我国产业结构与石油消费增长路径分析［J］. 软科学，2013，27（2）：1-5.

［198］周凯周．能源消费与经济增长关联关系的实证研究［D］. 重庆：重庆大学，2013.

［199］周剑．辽宁省中长期能源供需预测与可持续发展研究［D］. 长春：吉林大学，2010.

［200］周建．经济转型期中国能源需求的长期均衡及短期波动：1978—2005［J］. 南开经济研究，2007（3）：3-18.

［201］朱青，张钟毓，柴建，等．基于消费结构划分的煤炭需求预测模型［J］. 系统工程，2012，32（12）：112-123.

［202］朱煜明，陈玮，刘平利．基于时间序列方法集的某省成品油供需预测［J］．工业工程，2012，15（1）：5.

［203］周扬，吴文祥，胡莹，等．基于组合模型的能源需求预测［J］．中国人口·资源与环境，2010，20（4）：63-68.

［204］宗旬．投影神经网络算法在电动汽车能源需求响应中的应用研究［D］．重庆：西南大学，2021.

附　录

所有模型均由 MATLABR2023a 完成，程序如下：

1. 多元线性回归模型

```
MultiVariableLinear=inline（'a（1） *X（:, 1） +a（2） *X（:, 2） +a（3） *X（:, 3） +a（4） *X（:, 4） +a（5） *X（:, 5）', 'a', 'X'）;
%输入预测步长及时间序列
data=readtable（'data6. csv'）; %导入数据
data=table2array（data）;
y_ data=data（1: 23, 1）;
x_ data=data（1: 23, 2: 6）; %导出训练数据
beta0= [1 1 1 1 1];
%多元非线性回归
[beta, r] =nlinfit（x_ data, y_ data, MultiVariableLinear, beta0）;
y_ hat=MultiVariableLinear（beta, x_ data）;
mape=mean（abs（（y_ data-y_ hat）./y_ data））
```

2. GM（1，1）模型

（1）%拟合

```
clc;
x=xlsread（'GM（1, 1） number. xls'）; %导入数据
%x=data（1: 25, 1）;%读取第一列
[s2, mape, y] =gm1（x）;
y=roundn（y, -2）
```

(2)%预测多年需逐步替换第四行 k 值，得到相应年份的预测值，以此类推

```
x=xlsread（'GM（1，1）number.xls'）;
%gm1（x）%%拟合 1-23
k=24；%%第 k 取 24-31
gm2（x，24）%%预测
gm2（x，25）%%预测
gm2（x，26）%%预测
gm2（x，27）%%预测
gm2（x，28）%%预测
gm2（x，29）%%预测
gm2（x，30）%%预测
gm2（x，31）%%预测
```

3. RBF 神经网络

```
% by A. J
% last modified by 2014. 8. 24
%% a litte clean work
tic;
close all;
clear;
clc;
format compact;
%%
% 生成待回归的数据
x=xlsread（'x.xls'）;
y=xlsread（'y.xls'）;
```

```
y1=y;
% textxa b c
testxa=xlsread ('testxc. xls');
% testy=xlsread ('testya. xls');
% testy1=testy;
%归一化
[x, xps] =mapminmax ( [x; testxa] ', -1, 1);
% testxc=x (:, end-5: end);
% testxb=x (:, end-11: end-6);
testxa=x (:, end-7: end);
x=x (:, 1: end-8);
[y, yps] =mapminmax (y', 0, 1);
% 建模回归模型
net=newrb (x (:, 1: 23), y (1: 23), 0.0003, 2.7, 19, 1);
% net=newrb (x (:, 1: 18), y (1: 18), 0.0003, 2.7, 18, 1);%较好的参数
%数据拟合结果
fitty=sim (net, x (:, 1: 23) );
pfitty=mapminmax ('reverse', fitty, yps);
figure
plot (pfitty, ' * ')
hold on
plot (y1 (1: 23), '-or');
% 进行观测
py=sim (net, x (:, 19: 23) );
ppy=mapminmax ('reverse', py, yps);
% 进行预测 A
```

```
ptestya=sim（net，testxa）;
ptestya=mapminmax（'reverse'，ptestya，yps）
%% 进行预测 B
% ptestyb=sim（net，testxb）;
% ptestyb=mapminmax（'reverse'，ptestyb，yps）
%% 进行预测 C
% ptestyc=sim（net，testxc）;
% ptestyc=mapminmax（'reverse'，ptestyc，yps）
%%
% figure
% plot（19：23，ppy，'ob'）
% hold on
% plot（y1，'-or'）;
% hold on
% plot（24：29，ptestya，'ob'，'markerfacecolor'，'r'）;
% hold on
% plot（26：31，ptestyb，'ob'，'markerfacecolor'，'g'）;
% hold on
% plot（26：31，ptestyc，'ob'，'markerfacecolor'，'b'）;
% hold on
%%
toc
```

4. BP 神经网络

```
%多因素 BP 神经网络预测
%给定输入和期望输出
clear all；clc;
```

```
data= [146964 100280.1 126743 59.6 68.5 1.465535036;
155547 110863.1 127627 46.4 68 1.403054759;
169577 121717.4 128453 49.4 68.5 1.393202615;
197083 137422 129227 57.9 70.2 1.43414446;
230281 161840.2 129988 51.8 70.2 1.422891222;
261369 187318.9 130756 50.5 72.4 1.395315689;
286467 219438.5 131448 49.7 72.4 1.305454603;
311442 270092.3 132129 50.1 72.5 1.153094701;
320611 319244.6 132802 48.6 71.5 1.004280104;
336126 348517.7 133450 52.3 71.6 0.96444456;
360648 412119.3 134091 57.4 69.2 0.875105825;
387043 487940.2 134916 52 70.2 0.793218103;
402138 538580 135922 50 68.5 0.746663448;
416913 592963.2 136726 48.5 67.4 0.703100968;
428334 643563.1 137646 45.6 65.8 0.665566438;
434113 688858.2 138326 39.7 63.8 0.630192106;
441492 746395.1 139232 36 62.2 0.59149906;
455827 832035.9 140011 34.2 60.6 0.547845351;
471925 919281.1 140541 34.4 59 0.513363105;
487488 986515.2 141008 32.6 57.7 0.494151535;
498314 1013567 141212 43.3 56.9 0.491643868;
525896 1149237 141260 38.9 55.9 0.45760448;
541000 1210207.2 141175 47.7 56.2 0.447030889]; %导入数据
y_ data=data (1: 23, 1);
x_ data=data (1: 23, 2: 6); %导出训练数据
%%
a_ data= [1305208.465 141711.465 47.55213 55.70544 0.423874689;
```

1407667.33 142249.9686 47.4047184 55.21523213 0.402680954;

1518169.215 142790.5184 47.25776377 54.72933809 0.382546906;

1637345.498 143333.1224 47.1112647 54.24771991 0.363419561;

1765877.12 143877.7883 46.96521978 53.77033997 0.345248583;

1904498.474 144424.5239 46.8196276 53.29716098 0.327986154;

2054001.604 144973.3371 46.67448675 52.82814597 0.311586846;

2215240.73 145524.2357 46.52979585 52.36325828 0.296007504]';%导出情景 A 的数据，做预测 a

b_ data= [1252564.452 141414.9975 46.269 55.357 0.386681719;

1296404.208 141655.403 44.88093 54.526645 0.334479687;

1341778.355 141896.2172 43.5345021 53.70874533 0.289324929;

1388740.598 142137.4408 42.22846704 52.90311415 0.250266064;

1437346.518 142379.0744 40.96161303 52.10956743 0.216480145;

1487653.647 142621.1188 39.73276464 51.32792392 0.187255325;

1539721.524 142863.5747 38.5407817 50.55800506 0.161975856;

1593611.778 143106.4428 37.38455825 49.79963499 0.140109116]';%导出情景 B 的数据，做预测 b

c_ data= [1278886.459 141563.2313 46.910565 55.53123042 0.405278204;

1351463.265 141952.5301 46.13419515 48.92311673 0.367425219;

1428158.805 142342.8996 45.37067422 43.10135635 0.333107704;

1509206.818 142734.3426 44.61978956 37.97237468 0.301995444;

1594854.305 143126.862 43.88133204 33.45373234 0.27378907;

1685362.286 143520.4609 43.155096 29.47280008 0.248217171;

1781006.596 143915.1421 42.44087916 25.9655914 0.225033687;

1882078.72 144310.9088 41.73848261 22.87573406 0.204015541]';%导出情景 C 的数据，做预测 c

aa=a_ data;

```
bb=b_ data;
cc=c_ data;
x= [100280.1 126743 59.6 68.5 1.47;
110863.1 127627 46.4 68 1.40;
121717.4 128453 49.4 68.5 1.39;
137422 129227 57.9 70.2 1.43;
161840.2 129988 51.8 70.2 1.42;
187318.9 130756 50.5 72.4 1.40;
219438.5 131448 49.7 72.4 1.31;
270092.3 132129 50.1 72.5 1.15;
319244.6 132802 48.6 71.5 1.00;
348517.7 133450 52.3 71.6 0.96;
412119.3 134091 57.4 69.2 0.88;
487940.2 134916 52 70.2 0.79;
538580 135922 50 68.5 0.75;
592963.2 136726 48.5 67.4 0.70;
643563.1 137646 45.6 65.8 0.67;
688858.2 138326 39.7 63.8 0.63;
746395.1 139232 36 62.2 0.59;
832035.9 140011 34.2 60.6 0.55;
919281.1 140541 34.4 59 0.51;
986515.2 141008 32.6 57.7 0.49;
1013567 141212 43.3 56.9 0.49;
1149237 141260 38.9 55.9 0.46;
1210207.2 141175 47.7 56.2 0.45]';
t= [146964;
155547;
```

```
169577;
197083;
230281;
261369;
286467;
311442;
320611;
336126;
360648;
387043;
402138;
416913;
428334;
434113;
441492;
455827;
471925;
487488;
498314;
525896;
541000;]';
%归一化处理
[X, xa] =mapminmax (x);
[a_ data, pa] =mapminmax ('apply', a_ data, xa);
[b_ data, pb] =mapminmax ('apply', b_ data, xa);
[c_ data, pc] =mapminmax ('apply', c_ data, xa);
[T, ta] =mapminmax (t);
```

```
a= [1, 2]; X=x;
for i=1: 2;
X (a (i),:) = (x (a (i),:) -min (x (a (i),:) ) ) / (max (x (a (i),:) ) -min (x (a (i),:) ) );
end;
% T= (t-min (t) ) / (max (t) -min (t) );
%训练 BP 网络
X1=X (:, 1: 23); T1=T (:, 1: 23);
% net=newff (minmax (X1), [6, 1], {'tansig', 'logsig'}, 'trainlm');
net=newff (minmax (X1), [10, 1], {'logsig', 'purelin'}, 'traingdx');
% net=newff (minmax (X1), [6, 1], {'tansig', 'purelin'}, 'trainlm');
%%
iw1=net. IW {1};
lw2=net. LW {2};
b2=net. b {2};
b1=net. b {1};
save iw1. txt iw1;
save lw2. txt lw2;
save b2. txt b2;
save b1. txt b1;
%导入设定的阈值和初始值
iw11=importdata ('iw1. txt'); lw22=importdata ('lw2. txt'); b22=importdata ('b2. txt'); b11=importdata ('b1. txt');
net. IW {1} =iw11;
net. b {1} =b11;
net. LW {2} =lw22;
net. b {2} =b22;
```

```
net=init (net);
%%
net. trainParam. epochs=500;
net. trainParam. goal=0. 000001;
LP. lr=0. 001;
net=train (net, X1, T1);%BP 训练
y1=sim (net, X1); %仿真
% Y1=y1 * (max (t) -min (t) ) +min (t);
Y1=mapminmax ('reverse', y1, ta);
%网络测试
X_ test=X (:, 19: 23);
y_ test=sim (net, X_ test);
y_ test=mapminmax ('reverse', y_ test, ta);
y_ test
fangcha=var (y_ test)
mape=mean (abs ( (t-Y1) ./t) )
Y1=Y1';
%输出的反归一化处理
% y_ test=y_ test * (max (t) -min (t) ) +min (t);
%网络预测
ya=sim (net, a_ data);
yb=sim (net, b_ data);
yc=sim (net, c_ data);
ya=mapminmax ('reverse', ya, ta)
yb=mapminmax ('reverse', yb, ta)
yc=mapminmax ('reverse', yc, ta)
% ya=mapminmax ('reverse', ya, pt);
```

```
% % yb=mapminmax ('reverse', yb, pt);
% % yc=mapminmax ('reverse', yc, pt);
% X_ pre=X (:, 24: 31);
% y_ pre=sim (net, a_ data);
% Y_ pre=y_ pre * (max (t) -min (t) ) +min (t);
% Y_ pre
%画图
% figure;
% plot (1: 23., Y1, 'r * -') ; hold on;
% plot (1: 18., t (1: 18), 'kx-'); hold on;
% plot (19: 23., y_ test, 'co-'); hold on;
% %b-C, g-B, r-A
% plot (24: 31., ya, 'ro--'); hold on;%2013~2020 预测数据
% plot (24: 31., yb, 'gh--'); hold on;%2013~2020 预测数据
% plot (24: 31., yc, 'bd--'); hold on;%2013~2020 预测数据
% legend ('拟合值', '实际值', '09-12 测试拟合值', '情景 A 预测值',
'情景 B 预测值', '情景 C 预测值');
% grid on;
% % plot (t, 'r')
% % hold on
```

5. 包容性检验方法

```
clc;
%%模型变更以后，只要改 40、41 行代码 r (:, i) 代表第 i 个模型，前面的系数是模型个数的倒数;
%%每一次迭代，41、42 行代码都要修改，按评价表的顺序改动模型的组合和前面的系数即可。
```

```
%% data
t=5; %样本个数
algorithm=7; %模型个数
real_ value= [291448.3; 306647.2; 324939.2; 361732; 348001.7];
r (:, 1) = [272951.1 290119.4 308367.6 327763.6 370292.3] ';
r (:, 2) = [278882 298268 319000 341174 364889] ';
r (:, 3) = [294954.1 315472.1 333600.2 348246.5 358372.6] ';
r (:, 4) = [257165 273604 264430 285088 309247] ';
r (:, 5) = [304244.1 308015.6 329964.2 342405.2 363230.3] ';
r (:, 6) = [307187.4 328732.1 331745 374354.8 388260.4] ';
r (:, 7) = [296815 316227.4 315727.5 353467.2 365946.7] ';
c=0.9058;
teste= (1-c) *r (:, 1) +c*r (:, 3);
rmsec=sqrt ( sum ( (real_ value-teste) .^2) /t );
rmser3=sqrt ( sum ( (real_ value-r (:, 3) ) .^2 ) /t);
rmser1=sqrt ( sum ( (real_ value-r (:, 1) ) .^2 ) /t);
%% compute the efficients
for i=1: algorithm
error_ r (:, i) =real_ value-r (:, i);
end
for i=1: algorithm
temp (i) =1 / sum (error_ r (:, i) .^2);
end
%% select model
a=temp (1);
b=temp (3);
e1=a/ (a+b);
```

```
e2=b/ (a+b);
%% compute the error of combined and non-combined
%combine= (1/7) * (r (:, 1) +r (:, 2) +r (:, 3) +r (:, 4) +r
(:, 5) +r (:, 6) +r (:, 7) );
combine= (1/7) * (r (:, 1) +r (:, 2) +r (:, 3) +r (:, 4) +r
(:, 5) +r (:, 6) +r (:, 7) ); %%% X
combineloss= (1/6) * (r (:, 1) +r (:, 2) +r (:, 3) +r (:, 5) +
r (:, 6) +r (:, 7) ); %%% X
% combine=e1 * r (:, 4) +e2 * r (:, 2);
% %combine=0.5 * r (:, 2) +0.5 * r (:, 4);
% errorR3=real_ value-r (:, 4);
% errorCombine=real_ value-combine;
errorR3=real_ value-combineloss;
errorCombine=real_ value-combine;
%y=beta * x
x=errorR3-errorCombine;
%x=r (:, 3) -errorCombine;
y=errorR3;
%% regress
% x= [ones (t, 1), x];
% [b, bint, r, rint, stats] =regress (y, x, 0.1);
% p=stats (1, 3);
% fprintf ('The p value is %f\ n', p);

%% ls_ beta
xmean=mean (x);
ymean=mean (y);
```

```
lsbeta=sum（（x-xmean）.*（y-ymean））/sum（（x-xmean）.^2）;
noise=ymean-lsbeta * xmean;
lsy=lsbeta * x+noise;
fengzi=sum（（y-lsy）.^2）/5;
fengmu=sum（（x-xmean）.^2）;
s=（fengzi/fengmu）.^0.5;
t=lsbeta/s
```

6. SVM 模型

```
clear;
clc;
% %多元非线性回归
% % 多变量灰色预测模型 GM（1, n），加入多元回归模型
% clear all;
% clc;
%
% MultiVariableLinear=inline（'a（1）*X（:, 1）+a（2）*X（:, 2）+a（3）*X（:, 3）+a（4）*X（:, 4）+a（5）*X（:, 5）', 'a', 'X'）;
% %输入预测步长及时间序列
% data=readtable（'data6.csv'）; %导入数据
% data=table2array（data）;
% y_ data=data（1: 23, 1）;
% x_ data=data（1: 23, 2: 6）; %导出训练数据
% beta0=[1 1 1 1 1];
% %多元非线性回归
% [beta, r] =nlinfit（x_ data, y_ data, MultiVariableLinear, beta0）;
% y_ hat=MultiVariableLinear（beta, x_ data）;
```

```
% mape=mean (abs ( (y_ data-y_ hat) ./y_ data) )
% return

data_ x=readtable ('data.csv');
data_ x=table2array (data_ x);
data_ y=readtable ('dataY.csv');
data_ y=table2array (data_ y);
Y=data_ y;
X=data_ x;
X=X (:, [1, 4] );
Mdl=fitrsvm (X, Y, 'KernelFunction', 'linear');
yfit=predict (Mdl, X);
yfit=roundn (yfit, -6);
mape1=mean (abs ( (data_ y-yfit) ./data_ y) )
mape2=mean (abs ( (data_ y (19: 23) -yfit (19: 23) ) ./data_ y
(19: 23) ) )
var1=var (yfit)
var2=var (yfit (19: 23) )
y_ hat=yfit (1: 18);
% x_ new=mapminmax ('apply', data, xps);
% X_ new=x_ new';
data_ rbf=readtable (" rbf_ history_ data.csv" );
data_ rbf=table2array (data_ rbf);
X_ rbf=data_ rbf (:, 2: 6);
Y_ rbf=data_ rbf (:, 1);
[X_ rbf_ norm, xps] =mapminmax (X_ rbf', 0, 1);
[Y_ rbf_ norm, yps] =mapminmax (Y_ rbf', 0, 1);
```

```
net=newrb (X_ rbf_ norm, Y_ rbf_ norm, 0.0003, 2.7, 19, 1);
Y_ rbf_ hat=sim (net, X_ rbf_ norm);
Y_ rbf_ hat=mapminmax ('reverse', Y_ rbf_ hat, yps);
mape_ rbf=mean (abs ( (Y_ rbf-Y_ rbf_ hat') ./Y_ rbf) )
X _ new = [ 1278886.459 141563.2313 46.910565
55.53123042 0.405278204;
1351463.265 141952.5301 46.13419515 54.87041907 0.367425219;
1428158.805 142342.8996 45.37067422 54.21747125 0.333107704;
1509206.818 142734.3426 44.61978956 53.57229339 0.301995444;
1594854.305 143126.862 43.88133204 52.93479303 0.27378907;
1685362.286 143520.4609 43.155096 52.3048788 0.248217171;
1781006.596 143915.1421 42.44087916 51.68246044 0.225033687;
1882078.72 144310.9088 41.73848261 51.06744874 0.204015541] ';
X_ new_ norm=mapminmax ('apply', X_ new, xps);
Y_ new_ hat=sim (net, X_ new_ norm);
Y_ new_ hat=mapminmax ('reverse', Y_ new_ hat, yps) '
Y_ poly= [534214.16 542400 549820.16 556474.64 562363.44 567486.56
571844 575435.76] ';
Y_ A= [ 563404.6642
584526.3576
605088.3735
624710.6585
642935.9387
659223.7022
672947.8008
683399.9322] '
Y_ B= [ 548375.0972
```

```
554331.7971
559919.7109
565171.7924
570105.9512
574727.7503
579032.624
583007.6983]'
Y_C=[555944.1631
569604.6393
582885.345
595674.4865
607841.5012
619235.8348
629686.0591
638999.49]'
aa=[Y_poly, Y_A'];
yfit_hat=predict(Mdl, aa)
yfit_hat=roundn(yfit_hat, -6)
```

后　记

本书从信息源的角度出发，提出了基于多源信息融合的我国能源需求预测总体框架，并给出了信息源的分类与选择原则，为我国能源需求预测理论提供新的思路。针对模型信息融合问题，提出了基于支持向量机的模型信息融合预测模型。引入并改进了包容性检验方法，给出了模型信息融合预测中单一模型的遴选原则，拓展了其在我国能源需求预测领域的应用。针对不规则事件等异源信息对我国能源需求影响的预测问题，从系统理论的角度，设计了专家预测系统，对复杂系统科学理论在我国能源需求预测领域的研究给出新的途径。

以上研究工作是基于多源信息融合的我国能源需求预测模型，考虑了更多的信息源，增强了预测的稳定性，并提高了预测精度。本著作的完成，离不开帮助过我的各位老师和同学的辛勤培养和共同陪伴，感恩之心永不能忘。

衷心感谢恩师对我的谆谆教诲。师从张金锁教授四年里，收获是多方面的。在学术上，导师以渊博的专业知识、钻之弥深的学术造诣和精益求精的科研作风，从论文的选题、撰写和定稿，给予了我莫大的指导和帮助。在做人、做事方面，导师矜而不争的为人风范、认真求实的工作作风、正直谦逊的处世态度，无时无刻不在影响并引导着我。导师的教诲与鞭策使我受益终身，并激励我在以后的工作实践中不断取得进步。也特别感谢师母对我生活中的点滴关怀。博士期间，温柔和蔼的师母给予了我无微不至的关心，并且她乐观、积极向上的生活态度总是触动并鼓舞着我，让我更加勇敢地面对一切。

特别感谢邹绍辉师兄，在本书撰写期间，每当我需要帮助的时候，师兄总是挤出时间帮我耐心修改并提出宝贵建议，在此深表感谢！同时，还要特别感谢教研室闫晓霞老师、师兄王涛、师妹王玲、师弟罗波等对我学习上的帮助，让我的博士生活更加温暖、顺利。

特别感谢西安电子科技大学的迟亚雄博士、师弟马孟新、师妹哈奔和师弟包乌云毕力格，在本书撰写中和生活中给予了我很多的帮助和关怀，不仅让我的论文取得了较大的进展，更让我收获了一辈子的友谊。

最后，特别感谢我的父母，一直默默做我生活中最坚强的后盾，给予了我世界上最无私和最无保留的爱。